浙江省机动车维修技术人员从业资格培训教材

维修检验技术

(模块C)

浙江省机动车维修技术人员从业资格培训教材编写组　编

于江涛　主编

王卫平　史济宁　林冠军　参编

人民交通出版社

内 容 提 要

本书为浙江省机动车维修技术人员从业资格培训教材。全书共分四章,主要内容包括:汽车维修质量管理知识,常用仪器、仪表和量具,汽车维修质量检验,汽车配件质量检验和控制。

本书可供机动车维修技术人员从业资格考试前复习参考使用。

图书在版编目(CIP)数据

维修检验技术:模块 C/于江涛主编. —北京:人民交通出版社,2013.3

浙江省机动车维修技术人员从业资格培训教材

ISBN 978-7-114-10433-6

Ⅰ. ①维… Ⅱ. ①于… Ⅲ. ①机动车—车辆修理—质量检验—技术培训—教材 Ⅳ. ①U472.4

中国版本图书馆 CIP 数据核字(2013)第 041615 号

浙江省机动车维修技术人员从业资格培训教材

书　　名:**维修检验技术**(模块 C)

著 作 者:于江涛

责任编辑:顾燏鲁　夏　韡

出版发行:人民交通出版社

地　　址:(100011)北京市朝阳区安定门外外馆斜街 3 号

网　　址:http://www.ccpress.com.cn

销售电话:(010)59757973

总 经 销:人民交通出版社发行部

印　　刷:北京市密东印刷有限公司

开　　本:720 × 960　1/16

印　　张:6.25

字　　数:80 千

版　　次:2013 年 3 月　第 1 版

印　　次:2013 年 3 月　第 1 次印刷

书　　号:ISBN 978-7-114-10433-6

定　　价:15.00 元

前言

FOREWORD

交通部颁布实施的《道路运输从业人员管理规定》，规定了机动车维修技术负责人、质量检验人员及从事机修、电器、钣金、涂漆、车辆技术评估(含检测)作业的技术人员实行从业资格考试制度。从业资格考试是根据浙江省道路运输管理局印发的《浙江省机动车维修技术人员从业资格培训大纲》、《浙江省汽车维修企业价格结算员、业务接待员、汽车车身美容装潢工、轮胎修理工、摩托车维修工从业资格考试大纲》、考试题库、考核标准、考试工作规范和程序组织实施。

为配合浙江省机动车维修技术人员从业资格考试，做好相关的从业人员的培训工作，我们组织相关老师及长期从事技术管理的有关人员，编写了浙江省机动车维修技术人员从业资格培训教材。本套丛书共13册，分别为:《职业道德和法律法规(模块A)》、《技术质量管理(模块B)》、《维修检验技术(模块C)》、《发动机与底盘检修技术(模块D)》、《电器维修技术(模块E)》、《车身修复(模块F)》、《车身涂装(模块G)》、《车辆技术评估(模块H)》、《汽车维修价格结算(模块I)》、《汽车维修业务接待(模块J)》、《汽车美容与装饰(模块K)》、《汽车轮胎修理(模块L)》、《摩托车维修(模块M)》。

本教材是依据浙江省机动车维修服务的实际需要，配合浙江省维修企业管理部门的要求及从业人员在职学习的特点，按照理论与实践相结合的原则编写的。在注重加强机动车维修技术人员的理论学习与实际操作能力提升的同时,也适当加入了机动车维修发展的前沿技术等方面的知识。

本书由杭州技师学院的于江涛老师担任主编,王卫平、史济宁、林冠军担任参编。

由于时间仓促和编写的水平有限,书中难免存在一定的疏漏和不足之处,敬请业内同行和使用者批评指正,以便教材再版时不断修改完善与提高。

浙江省机动车维修技术人员
从业资格培训教材编写组
2013 年 1 月

目 录

CONTENTS

第一章 汽车维修质量管理知识

第一节 汽车维修质量与质量管理概述

一 汽车维修质量

汽车维修质量可分解为两个方面:一方面是维修服务全过程的服务质量,包括维修业务接待、维修生产进度、维修经营管理(包括收费)的质量水平;另一方面是汽车维修作业的生产技术质量,具体指维修竣工车辆是否满足相应的竣工出厂技术条件的一种定量评价。

通常人们所提的"汽车维修质量"是"汽车维修作业的生产技术质量"的简称。本章沿用此简称,重点学习"汽车维修质量管理知识",不包括服务质量管理部分的内容。

二 汽车维修质量的评定参数

汽车维修质量的主要评定参数,包括以下7项:

(1)动力性。汽车的动力性通常用发动机功率、底盘输出功率和汽车直接挡加速时间参数来衡量。

(2)燃料经济性。汽车的燃料经济性通常用汽车经济车速的百公里耗油量参数来衡量。

(3)制动性能。汽车的制动性能通常用制动距离、制动稳定性或制动力、制动力平衡、车轮阻滞力、制动系统协调时间和驻车制动力等参数来衡量。

(4)转向操纵性。汽车的转向操纵性通常用转向轮的侧滑、转向盘操纵力及转向盘最大自由转动量等参数来衡量。

(5)废气排放和噪声。汽车废气排放和噪声主要用怠速污染物排放量(汽油车)、自由加速烟度排放量、光吸收系数(柴油车)和噪声级等参数来衡量。

(6)密封性。汽车的密封性包括汽车防雨密封性、防尘密封性和连接件密封性等几个方面。

(7)可靠性。汽车可靠性包括各总成部件的连接状况,灯光、仪表及信号装置的工作状况等。

三 汽车维修企业的维修质量评定指标

汽车维修企业的维修质量评定指标是:汽车维修竣工出厂质量监督检验一次合格率、返修率,汽车维修质量纠纷和质量事故发生的情况等。

1. 汽车维修竣工出厂质量监督检验一次合格率

汽车维修竣工出厂质量监督检验一次合格率,是由汽车维修行业管理部门落实交通运输部有关规定,利用汽车综合性能检测站对维修企业的维修竣工出厂车辆实施质量监督检验情况的统计结果,即上线检测所有项目一次合格(无复检项目)的台次与所有送检台次的比值。

一般行业管理部门对企业考核汽车维修竣工出厂质量监督检验一次合格率考核指标要求达到80% ~85%。

2. 返修率

汽车维修质量保证期内,因维修质量原因造成汽车无法正常使用,需要重新返回修理厂进行相应维修的称之为“返修”。返修率是以一定时间范围内车辆维修出现返修的次数与该时间范围内所有维修车次的比值。

一般行业管理部门对企业考核指标要求返修率≤5%。

四 汽车维修质量管理的概念

汽车维修质量管理是为保证和提高汽车维修质量所进行的调查、计划、组织、协调、控制、检验、处理及信息反馈等各项活动的总称。因而,汽车维修质量管理可以理解为是一项经常性的和有计划的工作过程，应贯穿于汽车维修服务的全过程，其目的在于完善工艺方法和维修组织形式，以保证竣工出厂车辆的技术状况及其使用性能的最佳水平。

汽车维修质量管理是企业管理系统中的一项重要组成部分。

五 汽车维修质量管理制度

为贯彻汽车维修质量方针和质量目标，行业质量管理部门或企业质量管理机构依据有关法规、标准制定了汽车维修质量管理制度。这些制度的主要功效是明确质量管理方针、目标及质量管理的责任，规定了各项质量管理过程的基本程序，体现了质量管理工作的宗旨和行为准则。变通部7号令“第四章　质量管理”明确规定的汽车维修质量管理制度主要有以下几个方面。

1. 维修竣工出厂合格证管理制度

交通部7号令第三十三条规定：机动车维修竣工质量检验合格的，维修质量检验人员应当签发《机动车维修竣工出厂合格证》；未签发《机动车维修竣工出厂合格证》的机动车，不得交付使用，车主可以拒绝交费或接车。《机动车维修竣工出厂合格证》由省级道路运输管理机构统一印制和编号，县级道路运输管理机构按照规定发放和管理。禁止伪造、倒卖、转借机动车维修竣工出厂合格证。

2. 汽车维修竣工出厂质量保证期制度

交通部2005年7号令《机动车维修管理规定》规定的汽车维修竣工出厂质量保证期制度主要包括质量保证期、质量保证期承诺，以及质量保证期内质量问题处理三个基本原则。

质量保证期的长短是根据维修作业的级别，即作业的范围来确定。汽车质量保证期，从维修竣工出厂之日起计算。

为了妥善处理汽车维修质量保证期内有关问题《机动车维修管理规定》第三十八条规定：“在质量保证期和承诺的质量保证期内，因维修质量原因造成机动车无法正常使用，且承修方在3日内不能或者无法提供因非维修原因而造成机动车无法使用的相关证据的,机动车维修经营者应当及时无偿返修,不得故意拖延或者无理拒绝。在质量保证期内,机动车因同一故障或维修项目经两次修理仍不能正常使用的,机动车维修经营者应当负责联系其他机动车维修经营者,并承担相应修理费用。”

3. 汽车维修档案管理制度

汽车维修档案管理制度规定了建立档案的范围和档案的内容及保存期。

按照《机动车维修管理规定》第三十四条规定,机动车维修经营者对机动车进行二级维护、总成修理、整车修理的,应当建立机动车维修档案。机动车维修档案主要内容包括:维修合同、维修项目、具体维修人员及质量检验人员、检验单、竣工出厂合格证(副本)及结算清单等。机动车维修档案保存期为二年。

建立汽车维修档案是质量信息工作的主要内容。只有做好汽车维修检验原始记录等档案工作,并妥善保存,才能为质量管理提供可靠的质量反馈信息和质量评定依据,有助于及时发现问题,整改完善质量管理工作,保证和提高汽车维修质量。

4. 质量信誉考核制度

《机动车维修管理规定》第四十三条规定:“对机动车维修经营者实行质量信誉考核制度。机动车维修质量信誉考核内容应当包括经营者基本情况、经营者业绩(含奖励情况)、不良记录等。道路运输管理机构应当建立机动车维修企业诚信档案。机动车维修质量信誉考核结果是机动车维修诚信档案的重要组成部分。道路运输管理机构建立的机动车维修企业诚信信息,除涉及国家秘密、商业秘密外,应当依法公开,供公众查阅。”

六 全面质量管理的知识

全面质量管理的重要特点是“三全”。这里的“三全”是指“全员参与管理”、“全面管理”和“全过程管理”。它体现在：管理的质量是全面的，管理质量的方法、手段是全面的，是全面质量、全过程、全员参与、运用全面管理办法的质量管理。因为，影响质量的因素是全方位的，任何一个环节出了问题，都会影响到整体质量。比如，一台发动机总成大修的质量，与汽缸体镗磨加工、配件质量、装配工艺、冷磨热试等诸多环节都有关系。

七　汽车维修质量保证体系

汽车维修质量保证是指：为使车主确信维修竣工出厂车辆维修质量要求所必需的有计划、有系统的活动。质量保证与前面所讲的质量控制是两个完全不同的概念。质量控制是质量保证的重要内容，只有在生产技术活动中严格质量控制，才能使汽车维修服务及竣工质量全面满足托修方的要求，才能为质量保证提供足够的信任。

第二节　汽车维修质量检验

一　汽车维修质量检验的定义与检验方法

1. 汽车维修质量检验的定义

汽车维修质量检验是指采用一定的检验测试手段和检查方法，测定汽车维修过程中和维修后（含整车、总成、零件、工序等）的质量特性，然后将测定的结果与规定的汽车维修质量评定参数标准相比较，从而对汽车维修质量做出合格或不合格判断的过程。

2. 汽车维修质量检验的目的

汽车维修质量检验是为了对汽车维修过程实行全面质量控制，判断汽车维修后是否符合有关质量标准，代表汽车维修企业和托修方验收竣工车辆的维修质量。汽车维修质量管理机构进行汽车维修质量检验，是为了实施行业质量监督。

3. 汽车维修质量检验的方法

汽车维修质量检验的方法分为两类:一是传统的经验检视方法,二是仪器、仪表测试方法,借助于各种量具、仪器、设备进行参数测试。经验检视方法是凭人的感官检查、判断,带有较大的盲目性;仪器仪表测试可通过定性或定量的测试和分析,准确地评价和掌握汽车技术状况。

4. 汽车维修质量校验的工作步骤

汽车维修质量检验是一个过程,一般包括如下工作步骤:

(1)明确要求。根据汽车维修技术标准和考核汽车技术状态的指标,明确检验的项目和各项质量标准。

(2)测试。用一定的方法和手段测试维修汽车或总成的有关技术性能参数,得到质量特性值。

(3)比较。将测试得到的反映质量特性值的数据同质量标准的要求作比较,确定是否符合汽车维修质量要求。

(4)判定。根据比较的结果判定汽车或总成维修质量是否合格。

对维修质量合格的汽车发放《汽车维修竣工出厂合格证》,对不合格的维修汽车,记录所测得的数值和判定的结果,查找原因并进行反馈,以便促使维修工序进一步改进。

二 汽车维修质量检验分类

企业内部质量检验组织方式一般分为三级,即自检、互检和专职检验,俗称“三检”。各级检验的主要任务和特点如下。

(1)自检:指维修人员对自己操作完成的工作,认真地对照汽车维修技术标准,进行自我质量评定(是否合格,分析原因,提出改进措施,杜绝不合格维修质量)。自检是汽车维修中最直接、最基本、最全面的检验,是保证汽车维修质量的基础。

(2)互检:指维修人员之间对维修作业质量进行相互检验。

(3)专职检验:指由专职检验员对汽车维修过程中的维修质量控制点(关键项目、关键作业部位、关键的维修配件材料)进行预防性检验,以及整车维修竣工出厂的把关性总检验。行业相关法规及标准中所指的"汽车维修质量检验员"即上述汽车维修企业根据其规模配备的专职汽车维修质量检验员，包括专职进厂检验员、过程检验员和竣工出厂检验员。

三　汽车维修质量检验的工作职能及要求

汽车维修质量检验的工作职能及要求可归纳为三个方面。

1. 保证职能

保证职能即把关职能，通过对原料、汽车配件、外协件的入厂检验，对维修或制件的过程检验以及维修竣工检验，保证不合格的原材料不投产、不合格的半成品不转入下道工序，保证不合格的维修汽车不出厂。

2. 预防职能

通过质量检验将获得的有关维修质量的信息和数据及时反馈给质量管理机构及有关部门，为维修质量控制提供依据；同时为发现汽车维修过程中的质量问题所在，为开展质量管理活动提供课题，及时采取对策，防止同类问题的再发生。也就是说，通过成品检验及早发现汽车维修质量问题，并找出原因，及时排除，预防或减少不合格的维修汽车。

3. 报告职能

将在质量检验工作中搜集到的数据、信息做好记录，进行分析和评价，并及时地向企业主管部门或道路运政管理机构进行报告，为加强汽车维修质量管理和提高汽车维修质量提供必要的信息和依据。

要充分实现质量检验的报告职能，必须在维修质量检验实践中搜集有关信息和数据，为此，《机动车维修管理规定》要求机动车维修经营者对机动车进行二级维护、总成修理、整车修理的，应当建立机动车维修档案。机动车维修档案主要内容包括：维修合同、维修项目、具体维修人员及质量检验人员、检验单、竣工出厂合格证（副本）及结算清单等。在质量检验过程中,认真填写好各种检验记录表,建立完善的机动车维修档案,是质量检验工作的重要内容之一。

四 汽车维修合同

根据《中华人民共和国合同法》的有关规定,1992 年由中华人民共和国交通部和国家工商行政管理局共同制定发布了《汽车维修合同实施细则》,对各类维修企业与托修方签订书面"汽车维修合同"的有关事项作了相关规定。

1. 合同签订的范围

对整车大修、主要总成大修、二级维护和维修预算费用(包括更换配件)超过2000 元(目前行情)的维修项目,承、托修双方必须签订书面维修合同。

2. 合同的主要内容

汽车维修合同作为经营活动中制约双方行为的具体集约,主要内容包括:承、托修双方的信息,送修车的情况,维修类别及项目,交接车辆的日期,验收标准和方式及质量保证期,预计费用和结算相关事项,违约责任及纠纷处理等。一般各级汽车维修管理部门为企业提供合同示范本。

五 汽车维修进厂检验单

《汽车维护、检测、诊断技术规范》(GB/T 18344—2001)中规定:"汽车二级维护首先要进行检测。汽车进厂后,根据汽车技术档案的记录资料(包括车辆运行记录、维修记录、检测记录、总成修理记录等)和驾驶人反映的车辆使用技术状况(包括汽车动力性,异响,转向,制动及燃、润料消耗等)确定所需检测项目,依据检测结果及车辆实际技术状况进行故障诊断,从而确定附加作业。"

汽车综合性能检测记录表中"○"表示合格项目,"×"表示不合格项目,"//"表示不检或不作评价。

第三节　汽车维修返修与质量事故的鉴定和处理

一　汽车维修返修与质量事故的概念

汽车维修确因维修质量原因(包括工艺流程不规范、作业漏项、维修操作不符合要求等造成在维修质量保证期内“汽车无法正常使用”)需要返工的维修作业,叫做“返修”。“汽车维修质量事故”是“返修”事件中因维修质量问题严重,导致不只是“汽车无法正常使用”,而且出现了机件损坏的维修责任事故。

二　汽车维修质量纠纷调解

在汽车维修返修和质量事故责任认定过程中,由于承修方技术质量管理人员的技术业务水平、政策水平、思想观念、地位等问题,往往存在所做出的技术鉴定有失公正,或因为托修方对车辆技术不了解、对自身在车辆使用方面的问题认识不到位,或者个别蛮不讲理的,造成矛盾双方对责任认定意见不一致,需要投诉至第三方来加以解决。这种现象目前在行业内还比较普遍存在。

为此,《机动车维修管理规定》第四十二条规定:道路运输管理机构应当受理机动车维修质量投诉,积极按照维修合同约定和相关规定调解维修质量纠纷。关于纠纷调解的有关具体规定,目前仍延用1998年交通部下达的《汽车维修质量纠纷调解办法》[(1998)349号文印发]。

作为企业处理质量问题的主要骨干——汽车维修质量检验员,应该重点了解和掌握该办法中以下有关内容。

1.质量纠纷调解的范围

申请由维修管理部门出面进行纠纷调解的范围是:在汽车维修质量保证期内或汽车维修合同约定期内当事人双方所发生的争执。在质量保证期内,托修方遇有汽车维修质量问题或者发生机件事故,应首先与承修方协商解决。不愿协商或协商不成的,当事人可在双方一致同意的基础上向当地道路运政机构申请调解。

2. 申请调解应提供的资料

(1)申请调解方(当事人单位或人)的名称,法定代表人的姓名、单位、地址、电话。

(2)当事人的名称、单位、地址、电话。

(3)纠纷的详细经过、申请调解的理由与要求和书面报告。

(4)汽车维修合同、车辆竣工出厂合格证、汽车维修费用结算凭证等其他必要的资料。

3. 技术分析和鉴定

技术分析和鉴定由各级道路运政机构组织有关人员或委托有质量检测资格的汽车综合性能检测站进行。参与技术分析和鉴定工作的人员必须经道路运政机构审定并聘用。参加鉴定的人员不得少于两人。技术分析和鉴定的费用按照国家有关规定执行。需要做专项试验分析鉴定的,其费用按当地物价部门规定的收费标准执行。

4. 责任认定

(1)承修方应承担的责任。

①承修方不按技术标准、有关技术资料和维修操作工艺规程维修车辆,或不按使用说明规定选用配件、油料,所引起的质量责任,由承修方负责。

②承修方因装配使用有质量问题的配件、油料或装配使用托修方自带配件、油料且未在维修合同中明确责任的,所引起的质量责任,由承修方负责。

③承修方在进行总成大修、小修和二级维护作业时,未对所装(拆)配件进行鉴定,或虽发现相关配件质量不符合技术要求但未与托修方签订责任协议,在质量保证期内确因该零部件质量引起的质量事故,由承修方负责。

④汽车维修合同中另有约定的,按合同规定的责任确定。

(2)托修方应承担的责任。因托修方违反驾驶操作规程和车辆使用、维护规定而引起的质量责任,由托修方负责。

5. 经济损失的认定

经济损失主要指直接经济损失,包括:

(1)在质量事故中直接损失的机件、燃润料及其他车用液体、气体、材料;

(2)返修工时费、材料费、材料管理费、辅助材料费、委外加工费、检测费。

经济损失应由责任人按过失比例承担,对不能修复或没有修复价值的零部件,按汽车折旧率和市场价格计算价值。

6. 调解达成协议及履行

调解达成协议的,当事人各方应当自动履行。达成协议后当事人反悔的或逾期不履行协议的,视为调解不成,有关当事方可依法提请仲裁机构仲裁或向人民法院提起民事诉讼。

第二章 常用仪器、仪表和量具

一 游标卡尺

1. 游标卡尺的用途及规格

游标卡尺是用于直接测量机件内径、外径、长度、宽度和深度的量具。游标卡尺读数部分由尺身与游标组成，其种类和外形结构较多，规格常用测量范围和游标读数值来表示。比如：某游标卡尺的型号为(0～125)×0.02，则说明其测量范围为0～125mm，游标读数值为0.02mm。最常用的为三用游标卡尺，它可以测量内外尺寸、深度、孔距、环形壁厚和沟槽。常用测量范围有0～125mm、0～150mm两种。游标读数0.02mm、0.05mm两种。

2. 游标卡尺读数方法

(1)读出副尺"0"刻度线所指示主尺上左边刻线的毫米整数。

(2)查看副尺上"0"刻度线右边第几条刻线与主尺某一刻线对准，然后将游标精度乘以副尺上的格数，即为毫米小数值。

(3)将主尺上的毫米整数值和副尺上的毫米小数值相加，即为被测机件的尺寸。即：机件尺寸＝主尺整数＋游标卡尺精度×副尺格数。如图2-1所示。

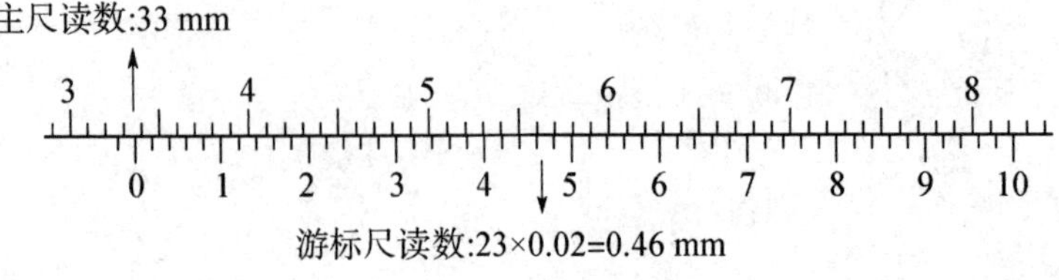

图2-1　游标卡尺

3. 游标卡尺的鉴定方法

(1)测量前应将卡尺和被测量件擦干净，并校对卡尺零位，以保证测量准确性。若零位无法校正，应更换游标卡尺。

(2)测量时，应使游标卡尺与被测量件垂直，并圈定锁紧螺钉。若锁紧螺钉不能锁紧尺身与游标，应更换游标卡尺。

二 外径千分尺

1. 用途及结构种类

外径千分尺又称螺旋测微器，是一种用于测量加工精度要求较高的精密量具，其测量精度可达到0.01mm。按照测量范围可分为0～25mm、25～50mm、50～75mm、75～100mm和100～125mm等多种不同规格，但每种千分尺的测量范围均为25mm。如图2-2所示。

2. 外径千分尺使用注意事项

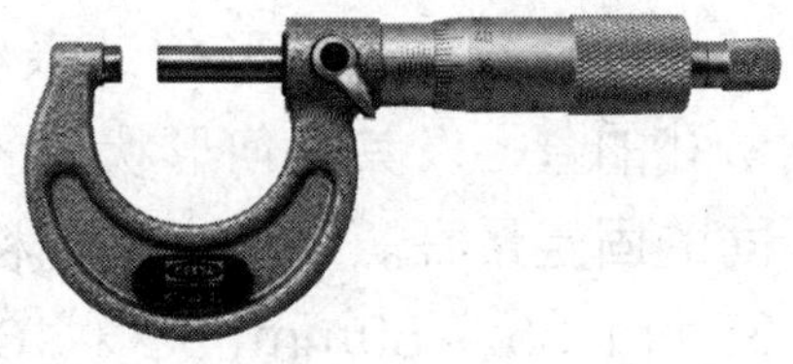

图2-2　千分尺

(1)测量前，先将两测量面擦净，并检查零位。具体检查方法是：旋转活动套筒和棘轮，使两测量端面与标准棒两端面接触，观察活动套筒前端与固定套筒零线、活动套筒上零线与固定套筒基线是否重合。如不重合，应通过附带的专用小扳手转动固定套筒来进行调整。

(2)测量时，外径千分尺应摆正，先转动活动套管，当两测量面接近工件时，再转动棘轮，直到听见“咔咔”声为止。

(3)读数时，要特别注意不要读错0.5mm。

(4)不准测量毛坯或表面粗糙的工件，不准测量正在旋转或发热的工件，以免损伤两测量面或得不到正确的读数。

三 百分表

1. 百分表的用途

百分表是齿轮传动式测微量具，它常用来测量机器零件的各种几何形状偏差和表面相互位置偏差，也可测量工件的长度尺寸，具有外廓尺寸小、重量轻和使用方便等特点。使用时必须将其固定到可靠的支架上。百分表架是专门用来夹持百分表的，可变换各种方向，以适应不同方向的测量工作，通常有轨道座式、磁力座式和磁力座软轴式三种。

2. 百分表的鉴定方法

百分表的夹装应牢固，夹紧力适当，夹紧后百分表不松动，测杆要能灵活移动，不卡滞。

四 量缸表

1. 用途及种类

量缸表又称内径百分表，是一种借助于百分表为读数机构，配备杠杆传动系统或楔形传动系统的杆部组合而成的。它用比较法来测量孔的直径及其几何形状偏差。为了测量不同的汽缸直径，常备有不同的固定量杆。量缸表的规格是按测量直径的范围来划分的，如18～35mm、35～50mm、50～160mm等。汽车维修作业中常用规格为50～160mm。

2. 量缸表使用方法及鉴定方法

(1)用量缸表测量缸径时，先根据缸径选用合适的量杆，将量缸表放入汽缸上部。如果表针能转动1圈左右，则为调整适宜，然后将量杆上的固定螺纹锁紧。

(2)测量缸径时，量杆必须与汽缸轴线垂直，读数才能准确。为此，测量时可稍稍摆动量缸表，当指针指示到最小数值时，即表明量杆已垂直于汽缸轴线，记下该处数值(注意：大指针和小指针都要记)，然后用外径千分尺测量此位置的读数值即为缸径值，如图2-3所示。

量缸表测量头不卡滞，伸缩自如，量杆不弯曲，指针运转灵活，随动性好。

五 汽缸压力表

1. 汽、柴油机汽缸压力表结构

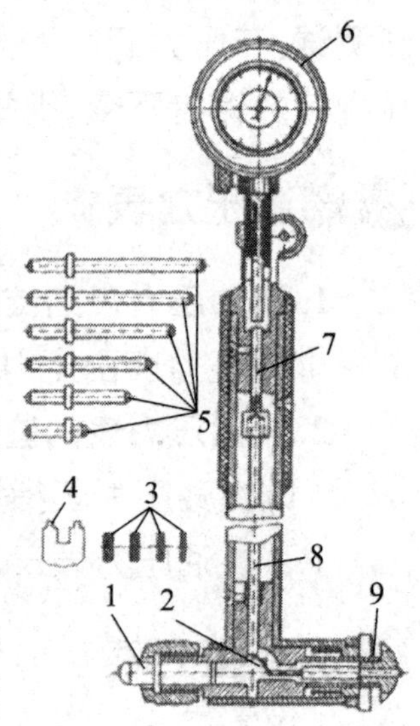

图 2-3　量缸表的外观和结构
1、5-量杆；2-横顶杆；3-附加垫片；4-拆卸工具；6-表盘；7、8-纵顶杆；9-测量头

汽缸压力表是用来测量汽缸内压缩终了时的气体压力的，其主要组成部件是压力表。按结构和用途分为汽油机压力表和柴油机压力表两种。

(1) 汽油机汽缸压力表(图 2-4)。汽油机汽缸压力表的锥形橡胶头用来塞住火花塞孔。在表中装有一个止回阀，以使气体只能从汽缸进入压力表而不会漏回汽缸中。放气阀用来放出进入压力表中的压缩空气，使表针回零。汽油机汽缸压力表的量程通常为 0 ~1.4 ×10^{3}kPa。

(2) 柴油机的汽缸压力表。柴油机的汽缸压力表结构与汽油机的汽缸压力表基本相同，但由于柴油机压缩比大，测量时手按不住压力表，须用螺纹接头旋入喷油器孔中。

2. 检测结果及诊断结论

(1) 每种汽车的汽缸压力，汽车制造商在说明书中都标明了。如果被检测车每个汽缸所检测得的压力读数，与标准压力值相差不超过 10%，则可认为该车汽缸压力是正常的。

(2) 如果显示的压力值，比被检车说明书载明的压力值高得多，肯定该车燃烧室积炭过多。

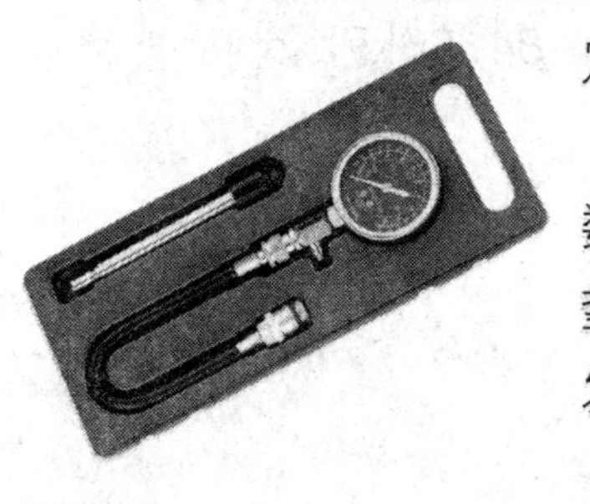
图 2-4　汽油机汽缸压力表

(3) 若相邻汽缸相比，一个汽缸的压力读数比其他的低 138kPa 或更多，则肯定是汽缸垫有故障。这种情况下，在这两个汽缸中就能发现水或油等物质。

(4) 若汽缸压力读数很低或变化很大，可向每个汽缸中倒入一匙 SAE30 级机油，然后重新测试:若压力读数上升很大,则故障可能是底座破损或活塞损坏。若压力读数保持不变,则故障可能出在气门或有关的零件上。

六 燃油压力表

1. 燃油压力表的结构

燃油压力表由压力表、油管以及三通接头组成。

2. 燃油压力表的鉴定

(1)燃油压力表指针运转灵活,无压力时指针应指示零位。

(2)燃油压力表三通接头应畅通,管接头密封良好,无油。

七 真空压力表

1. 真空压力表的结构

真空压力表连接时将真空表接头与发动机进气歧管上真空接头通过一根橡胶真空软管连接在一起,真空压力表见图2-5。

图2-5 真空压力表

2. 技术标准及要求

(1)发动机的点火系统、配气机构、密封性能等各部分良好,发动机温度正常时,在相当于海平面高度的条件下,怠速时真空度在57.33~71.66kPa之间,且较稳定,表示正常。注意:海拔每升高1000m,真空度将减小10kPa。

(2)发动机在怠速工况下,迅速开闭节气门时,真空度应在6.66~84.66kPa之间随之摆动,且变化较灵敏。

(3)真空表要安装在节气门的后方。

八 轮胎气压表

1. 轮胎气压表的结构

轮胎气压表(图2-6)是专门用于测定轮胎气压的量具,常用的形式

有标杆式和指针式两种。

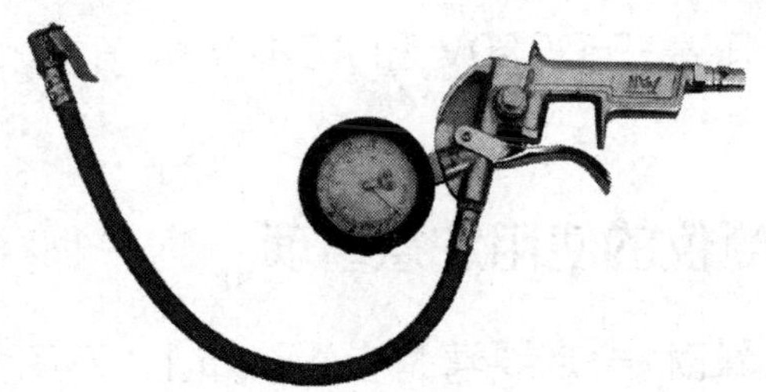

图 2-6　轮胎气压表

2. 轮胎气压表的使用方法

(1)将轮胎气压表测量端槽口与轮胎气门嘴对正并压紧。这时轮胎气压表指针发生偏转,其指示值即为该轮胎的充气压力;或者轮胎气压表标杆在气压的作用下被推出,这时标杆上所显示的数值即为该轮胎的充气压力。

(2)测量完毕后,应仔细检查轮胎气门芯是否漏气,若漏气,应予以检修。

九 数字式万用表

数字式万用表(图 2-7)的使用注意事项如下。

(1)使用之前确认仪表无破损,表笔绝缘层完好。

(2)打开电池仓盖或后盖前,须拔去表笔;合上后盖及电池仓盖并旋紧螺钉后,才能进行测量,否则有受电击的危险。

(3)进入或退出电流测量各挡之前,应先拔出表笔,后旋动功能/量程开关。野蛮操作可能损坏机械保护装置。

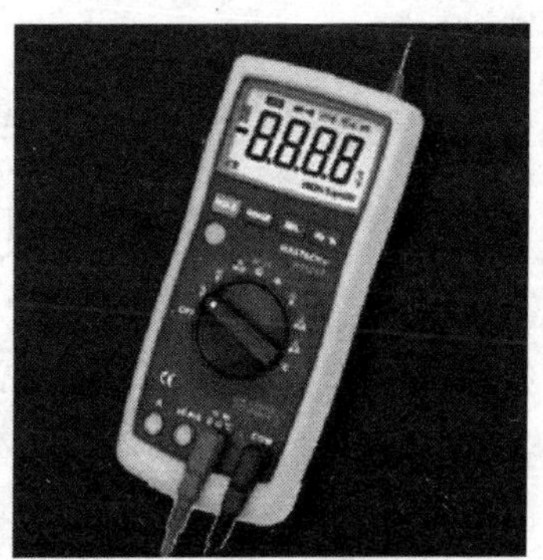

图 2-7　数字式万用表

(4)测量过程中,断开仪表输入后再旋动功能/量程开关。

(5)输入信号电压不允许超过规定的极限值。

(6)测量公共端"COM"和"大地"之间的电压不得超过 1000V,以

防电击和损坏仪表

(7)被测量电压高于DC60V和AC42V的场合,均应小心谨慎,防止电击。

十 电脑故障诊断仪的使用注意事项

(1)当检查故障时,一定要清楚在这个车上(不同的车会有区别)哪些故障是可以用电脑故障诊断仪检查出来的,哪些是检查不出来的。

(2)对于一些执行元件的检测,可以用电脑故障诊断仪的元件动作测试功能进行检测。

(3)有的系统在更换某些零部件后需要用人工方法或用电脑故障诊断仪进行设定或自适应。

(4)在更换电控单元后,有些车型需要用电脑故障诊断仪进行编程或编码激活。

(5)用蓄电池夹连接蓄电池供电时,不可将蓄电池的正、负极接反。

(6)当电脑故障诊断仪不用汽车电源而用其他电源时,应保持两电源的地线相通。

(7)切勿随意使用"系统设置"功能(详细参见电脑故障诊断仪的说明书)。

(8)测试结束后,应先切断电源,然后将电缆插头拆下。

十一 汽车四轮定位仪的使用注意事项

(1)对于四轮定位仪中的机头部件,要轻拿轻放,并经常进行清洁维护。

(2)安装四轮定位仪时,应在墙上(或其他地方)安装一个带熔丝的开关盒,同时要求开关盒配带有四轮定位仪的过载保护装置。

(3)传感器是现代四轮定位仪的核心元件,在使用前需要进行校正,以保证测试精度。

(4)定位机头在卡盘轴上要安装妥当,在不用时应妥善保存,以免受到伤害。

(5)电子类传感器在通电前应该接线安装完毕，不得带电接线，以免电冲击损坏器件。

(6)需要移动四轮定位仪时，注意不要让它受到振动，否则可能会损坏传感器及计算机等部件。

(7)四轮定位仪应每3个月到5个月检验标定一次，标定工作应该在专用标定器上进行。(注意：四轮定位仪应备有专用标定器和标定程序。)

(8)在用四轮定位仪检测车轮定位角前，一定要进行车轮钢圈补偿操作，否则会产生相当大的测量误差。

(9)四轮定位仪用举升台要定期进行标定，即通过特定的程序把举升台的误差值(不平度误差值)记录到四轮定位仪的计算机中，以使四轮定位仪在测量时能自动去除该误差值。

十二　红外线测温仪的使用注意事项

(1)红外线测温仪只能测量物体表面温度，不能测量物体内部温度。

(2)不能透过玻璃进行测温，因为玻璃有很特殊的反射和透过特性，使红外线测温仪的读数不准；并且，红外线测温仪最好不要用于对光亮或抛光的金属表面测温。

(3)若发现温度高的部位，要将红外线测温仪瞄准该部位，然后做上下扫描运动，直至确定热点。

(4)环境条件，如蒸汽、尘土、烟雾等，会因阻挡仪器光学系统的工作而影响测量结果的精确度。

(5)如红外线测温仪突然暴露在环境温度为20℃或更高的环境下，允许仪器在20min内调节到新的环境温度。

十三　汽车示波器的功能及使用注意事项

汽车示波器具有波形显示、数字万用表和诊断数据库等功能。

(1)测试应在通风良好的环境下进行,不允许有火花或明火。

(2)起动发动机进行测试前,要将变速杆放入空挡或P位,拉紧驻车制动器。

(3)注意仪器使用安全,遵守安全操作规则。

(4)更换电池、熔丝、数据储存卡或卸下前端盖前,要拆除所有测试表笔,并将仪器关闭;更换熔丝时,必须换用相同类型的;两侧黑色橡胶保护套未装好前,不要使用仪器。

(5)测试电流或电压时,不得超过仪器规定的最大测试值,并且其他测试孔不插任何表笔。

(6)不得在交流电路中测试电流信号,也不要在大于32V的直流电路中测试电压信号。

(7)在转换功能前,一定要先将红表笔从当前的测试电路中拆除,然后拆下黑色表笔。

(8)测量元件电阻前,一定要将待测元件从电路中断开。

(9)测试时要远离汽车驱动部分和其他运动件。

第三章 汽车维修质量检验

第一节 汽车性能检验

汽车整车的性能参数直接反映整车的技术状况。汽车的检测与诊断往往是从整车性能参数检测开始的，当发现整车性能参数发生变化时，再进而进行汽车各系统的深入检测与诊断。因此，整车性能参数的检测在汽车的检测与诊断中占有重要地位。

汽车检测分为人工检测和仪器设备检测两种方法。人工检测是汽车检验人员凭实际经验和一定的理论水平，借助于简单的工具，用眼看、耳听、手模和鼻子闻的方法对汽车的技术状况进行判断。这种方法简单，不需要专门的仪器设备、投资少，但检测速度慢、准确性差，检验人员应有较高的技术水平。仪器设备检测是用现代仪器设备对汽车的性能和技术状况进行判断，其优点是检测速度快、准确性高，是现代汽车检验技术的发展方向，但投资大，操作人员多。

一 底盘输出功率的测定

汽车底盘的输出功率（即驱动轮输出功率）是评价汽车技术状况的基本参数之一，是汽车综合性能检测的必检项目。汽车底盘的输出功率，除了可以通过整车的道路试验测定外，还可以在室内条件下在底盘测功机上测定。测定底盘输出功率的目的，有时是为了获得汽车驱动轮的输出功率或牵引力，以便评价汽车的动力性；有时则是用获得的驱动轮输出功率与发动机输出功率进行对比，并求出传动效率，以便判定底盘传动系的技术状况。

底盘测功机能够在室内模拟汽车的各种运行工况,因此,还可以在底盘测功机上进行汽车性能试验和汽车各系统的技术状况诊断。

二 车轮定位值的检测

汽车车轮定位参数的检测,有静态检测法和动态检测法两种。静态检测法是在汽车停止的情况下,使用测量仪器对车轮定位进行几何参数的测量;动态检测法是在汽车以一定车速行驶情况下,用测量设备检测车轮定位产生的侧向力或由此引起的车轮侧滑量。

车轮定位包括车轮前束、车轮外倾、主销后倾和主销内倾,是轿车技术状况的重要诊断参数。车轮定位正确与否,将直接影响到汽车的直线行驶稳定性、安全性、燃油经济性、轮胎和有关机件的磨损及驾驶人的劳动强度等。因此,车轮定位值的检测不仅对在用车是十分必要的,而且对新车定型和质量抽查也是必不可少的。

车轮定位值的检测采用静态检测法时,使用的检测设备有气泡水准式、光学式、激光式、电子式和电脑式等车轮定位仪,它们一般是利用车轮旋转平面与各定位角间存在的直接或间接的关系进行测量的。

三 汽车燃油经济性能检测的意义

对汽车燃油经济性能的评价,一般是通过汽车燃油消耗量试验来确定的,它是用以评价在用汽车技术状况与维修质量的综合性参数,也是诊断和分析汽车故障的重要参考。检测汽车燃油消耗量通常是以燃油消耗检测仪测定的燃油消耗量的容积或质量来表示。在汽车检测站,多是在底盘测功试验台上模拟路试来检测其燃油消耗量。

影响燃料消耗的因素主要有以下几方面。

(1)车辆的技术状况。包括发动机的技术状况和底盘的技术状况两部分。

(2)道路条件及气候。包括路面质量,交通混合情况,平原还是坡道,海拔和天气等。

(3)车辆载重及拖运情况。载质量越大和拖挂质量越大，油耗越高。

(4)驾驶操作。在其他条件相同的情况下，驾驶技术水平不同，油耗可相差20%～40%。

四 汽车检视

正确检验汽车，首先必须掌握整车检验的基本项目。整车检验项目包括：整车尺寸、整车装备、防雨密封性、滑行性能、异响和润滑状况等。

(1)汽车外观检视的内容。汽车的外观主要涉及车容车貌、发动机、车轮、连接部位、自由间隙、灯光信号和润滑密封状况以及汽车型号、编号、厂牌和颜色等车证核对方面的内容，分系统、部位作出明确而直观的检视。

(2)车上外观检视。人工检视汽车的灯光、安全装置、操纵装置、工作仪表和车身等是否装备齐全、工作正常、连接可靠和符合规定。检视的重点是灯光和安全装置。

(3)车底外观检查。由检查人员在地沟内人工检视底盘各装置及发动机连接是否牢固可靠，有无弯扭断裂及漏油、漏水、漏气和漏电等现象。

(4)就车检测车轮不平衡量。利用就车式车轮平衡机检测车轮不平衡量并配重。

(5)对转向节等安全机进行探伤。利用声发射探伤仪在不解体情况下，探测机件的裂纹和伤痕。探伤的机件主要有发动机和传动系各机件，转向节和转向节臂，转向横、直拉杆和球销，钢板弹簧，车架及前、后桥等。

(6)转向盘自由转动量。利用转向盘自由转动量检测仪检测转向盘自由转动量。

(7)检测传动系游动角度。利用传动系游动角度检验仪检测传动系游动角度。

(8)检测底盘主要配合副的松旷量。利用底盘松旷量检测仪检测轮毂轴承、主销和横、直拉杆等处的松旷量。

第二节　汽车主要零部件检验

一　发动机主要部件检验

1.汽缸体和汽缸盖的检验

汽缸体是发动机的基础零件,发动机所有零部件都是以它为基础组装起来的,所以其技术状况直接影响着发动机修理质量和使用寿命。汽缸体、汽缸盖在工作过程中常产生的缺陷有:变形、裂纹、汽缸表面的磨损和螺纹孔的损坏等。

1)汽缸体和汽缸盖变形的检验

汽缸体和汽缸盖的结构、形状复杂,各处的壁厚不均匀,长期在高温、高压、交变载荷下工作,容易产生变形;尤其在制造过程中,如果时效处理不彻底,留有残余应力,则在发动机工作时,高温使残余应力逐渐松弛,导致汽缸体、汽缸盖变形。

汽缸体、汽缸盖变形,常使汽缸体与汽缸盖的结合平面翘曲,当其平面度误差超过技术标准时,将会发生发动机漏气、漏水、漏油等故障;严重时汽缸垫会被冲坏,以致发动机无法工作,另外,汽缸体的变形,常会破坏曲轴、凸轮轴轴承承孔的同轴度,加剧曲轴、凸轮轴及轴承的磨损和损坏。

(1)汽缸体上平面、汽缸盖下平面平面度误差的检测。汽缸体上平面、汽缸盖下平面平面度误差(翘曲变形的程度)多用直尺和塞尺进行检测。检测时先将被测平面清洗干净,将长度等于或略大于被测平面的最大尺寸的直尺立在被测平面上,然后用塞尺测量直尺和平面之间的间隙,其最大值便是平面度误差。另外,也可用平板作接触印痕检验或用百分表检测。

(2)汽缸体主轴承承孔同轴度误差的检测。主轴承承孔一般磨损很小,通常先用内径百分表检测其圆度和圆柱度误差,然后检测主轴承承孔的同轴度。主轴承承孔的同轴度,一般需用专用的缸体轴承座孔同轴度检验仪检测。

(3)汽缸体后端面对两端主轴承承孔公共轴线垂直度误差的检测。汽缸体的变形,常常会破坏其后端面对两端主轴承承孔公共轴线的垂直度,影响飞轮壳和变速器相对于曲轴的正确位置关系,从而使离合器和变速器的工作状况恶化,磨损加剧,传动"发响"。一般要求汽缸体后端面对两端主轴承承孔公共轴线的端面全跳动量≤0.20mm。

2)汽缸体、汽缸盖裂纹的检验

汽缸体、汽缸盖在工作过程中有时会产生裂纹,导致发动机漏水、漏气、漏油,影响发动机的正常工作。发生裂纹的部位,在不同型号的发动机上并不一致,但大多发生在水套壁较薄处,或工作过程中应力(尤其是热应力)比较集中的部位,如汽缸盖两气门座之间和汽缸体两汽缸孔之间等。裂纹产生的原因大多是使用维护不当,例如:发动机长时间在高负荷、高温下工作,或在高温下骤加冷水,从而产生过大的热应力;冬季使用时未加防冻液,夜间停车又未放水而造成冻裂。

汽缸体、汽缸盖上明显的裂纹可直接观察检查,对细微的和内部的裂纹,一般用水压试验的方法进行检查,检查时,将汽缸盖及衬垫装在汽缸体上,将水压机出水管接到汽缸体前端进水口处,封闭所有水道口后,将水压入汽缸体水套内,在水压为343~441kPa下保持5min,检查各部位有无渗漏,若某处有水珠渗出,则表明该处有裂纹。

汽缸体、汽缸盖的裂纹也可以用渗透法进行检查,其原理是在被检查的零件表面涂上渗透液,使渗透液渗透进零件表面的裂纹中去,然后将表面多余的渗透液除去,再在零件表面涂上一层显像剂,将裂纹中残存的渗透液吸出,从而显示出裂纹的部位。渗透法通常有着色法和荧光法,前者是在渗透液中加入显示性比较明显的红色染料,在白色的显像剂衬托下能够明显地将裂纹显示出来;后者是在渗透液中加入荧光物质,在喷涂显像剂后,若零件表面有裂纹,在紫外线照射(可用水银灯)下,裂纹中残存的荧光物质能发出明亮的荧光,从而显示出裂纹部位和形状。

3)汽缸的检验

(1)汽缸检验。用量缸表测量磨损的汽缸时,一般沿汽缸轴线方向测量汽缸上下不同的3个截面上的直径,即活塞在上止点时第一道活塞环对应的汽缸壁位置及活塞裙部对应的汽缸壁位置,活塞在下止点时,最下一道活塞环对应的汽缸壁位置及汽缸下边缘洁塞环没有运动到的部位。在每个截面上测出直径的最大值和最小值(中间截面应测量与活塞销垂直的方向),然后算出其圆度误差和圆柱度误差。圆度误差为汽缸同一截面不同方向上最大直径与最小直径差值的一半;圆柱度误差为被测汽缸不同截面任意方向上最大直径与最小直径差值的一半。对多缸发动机应以误差最大的一缸为准,当汽缸圆柱度误差或圆度误差达到总成大修标准时,发动机应进行大修。

(2)汽缸修理后的技术要求和检验。国产发动机汽缸经修理后应符合下列技术要求:

①同一汽缸体各汽缸或汽缸套的内径应为原设计尺寸或同一级修理尺寸;

②缸壁表面粗糙度 R_a 为0.8μm;

③干式汽缸套的汽缸圆度误差≤0.005mm,圆柱度误差≤0.0075mm;湿式汽缸套的汽缸圆柱度误差≤0.0125mm;

④汽缸轴线对汽缸体两端曲轴主轴承承孔公共轴线的垂直误差≤0.05mrn。

2. 曲柄连杆机构的检验

1)活塞连杆组的检验

活塞连杆组是发动机的重要组合件,由于经常在高温、高压、润滑不良的条件下作高速运动,其零件易产生磨损和变形,直接影响发动机的工作性能,是发动机修理作业中的重要修理项目。

(1)活塞的检验。活塞在正常工作中磨损较小,通常主要是活塞环槽及活塞销座孔部位磨损较大;活塞裙部虽与缸壁接触,但由于单位压力较小,润滑条件也较好,所以通常磨损不大。

检验活塞时,首先用观察方法检查活塞表面有无裂纹、划痕,然后,检查活塞各部分的磨损情况。活塞环槽的磨损,一般是用新的活塞环放入环槽内,用塞尺测量其侧隙的大小来判断磨损的程度。活塞销座孔的磨损通常用内径百分表进行测量。活塞裙部的磨损通常用外径百分尺进行检测,测量时应测出在活塞销座孔方向和与其相垂直的方向上的直径,然后算出裙部的椭圆度和活塞与汽缸的配合间隙。

(2)活塞环的检验。活塞环是活塞连杆组中磨损最快的零件,尤其是第一道活塞环磨损更为剧烈。活塞环磨损后,其弹力减弱,端隙、侧隙增大,使汽缸的密封性变差,导致汽缸漏气、窜油,使发动机动力性和经济性变坏。

活塞环磨损后,一般是根据汽缸和活塞的尺寸,换用同一级尺寸的新活塞环。为了保证活塞环正常工作,要检验新活塞环的弹力、漏光度、端隙和侧隙,只有当它们都符合技术标准时,才能予以装配使用。

①活塞环弹力的检验。活塞环的弹力是保证汽缸密封性的主要条件之一,一般是在弹力检验仪上进行检验,检验时把活塞环放在弹力检验仪上,使活塞环的开口处于水平位置,然后移动检验仪上的重锤,把活塞环的端隙压缩到标准值,同时观察秤杆上指示的重量,应符合技术要求。

②活塞环漏光度的检验。为了保证活塞环与汽缸的密封性,要求活塞环外表面与汽缸表面处处贴合,一般用检查漏光程度来判断其贴合状况。漏光检验可在专用检验设备上进行:将待检验的活塞环放在与其相配合的汽缸内,用活塞顶将其推平,并用直径略小于汽缸直径的盖板,挡住活塞环的中心部位;在汽缸孔下部放一光源(灯泡),这样便可观察出活塞环与汽缸壁间的漏光情况。

③活塞环端隙的检查。活塞环端隙是指将活塞环放入与其相配合

的汽缸后,在环的开口处呈现的间隙。端隙过大,易造成汽缸漏气;间隙过小,活塞环易胀死在汽缸内,造成拉缸。活塞环端隙的检查方法是:将活塞环放入待配的汽缸内,用活塞将其推平;然后用塞尺插入端隙,测出端隙值。如活塞环端隙过大,则不能使用,应重新选配;如端隙过小,可用细平锉对环口端面加以锉修,锉修时应锉环的一端,边锉边量,直到端隙合适为止。

④活塞环侧隙的检查。将活塞环放入环槽后,活塞环与环槽之间沿高度方向存在的间隙称为侧隙。它是为防止活塞环在环槽内卡死,确保其能在环槽内自由活动。侧隙过大,会造成汽缸漏气窜油;侧隙过小,会使活塞环卡死在环槽内,造成拉缸事故。侧隙的检查方法:将活塞环放在各自环槽内,用塞尺进行测量,便可测出侧隙。

⑤活塞环背隙的检查。活塞环背隙是指将活塞和活塞环装入汽缸后,在活塞环背面与活塞环槽底之间的间隙。为了检查方便,通常是将活塞环放入环槽,检查活塞环的表面是否低于环槽岸表面0~0.35mm,否则活塞环不能使用。

(3)连杆的检验。连杆在工作中承受着复杂的交变载荷,尤其当发动机工作不正常时(如超负荷、爆燃等),会引起连杆弯曲、扭曲变形,严重时会使连杆产生断裂。另外,连杆大小端座孔、连杆螺栓也常有损伤。连杆变形后将使活塞连杆组与汽缸、曲轴的配合关系失常,加速汽缸与活塞、曲轴轴颈与轴承的磨损。

①连杆的探伤。根据修理技术标准,发动机进行修理时,对连杆及连杆螺栓应进行探伤检查,不得有任何性质的裂纹。连杆有无裂纹,通常多采用磁力探伤检查。

②连杆弯曲、扭曲变形的检验。连杆有无弯曲、扭曲变形,一般用连杆检验器进行检验。连杆的弯曲度、扭曲度应符合原厂规定,一般国产汽车要求:连杆上、下承孔轴线应在同一平面内,其平行度(即弯曲度)≤100:0.03,在与此平面垂直的方向上,轴线的平行度(即扭曲度)≤100:0.06。丰田系列各型汽车的连杆弯曲度、扭曲度≤100:0.05。

当超过此限度时，应进行校正。

③连杆大小端轴承轴线相互位置误差的检验。连杆大小端轴承经加工后，除保证其尺寸、形状和表面粗糙度外，还必须保证两轴线在同一平面上的平行度和距离符合技术要求，以保证发动机装配后的质量。

(4)活塞连杆组装后的检验。连杆与活塞、活塞销组装后应检验活塞裙部椭圆形的变化情况，并检验活塞裙部轴线对连杆大端孔轴线的垂直度误差以及活塞连杆组的质量。

2)曲轴及轴承的检验

(1)曲轴常见的损伤及检验。曲轴是发动机主要零件之一，形状复杂，加工精度高。在工作中，曲轴承受着周期变化的气体压力、活塞连杆组往复运动的惯性力及旋转运动的离心力的共同作用，因而，曲轴常产生轴颈磨损，弯曲、扭曲变形，有时还会产生裂纹或断裂。

①曲轴轴颈的磨损和检验。曲轴轴颈在工作中经常产生磨损，磨损往往是不均匀的，但常有一定的规律性。连杆轴颈径向磨损的最大部位一般在轴颈内侧，主轴颈磨损的最大部位则靠近连杆轴颈的一侧。

曲轴轴颈磨损程度通常用外径百分尺进行测量，每个轴颈测量 2 个截面，在每个截面上测出其最大直径和最小直径，并算出圆度误差和圆柱度误差，然后对照技术标准确定曲轴轴颈是否需要修磨。

②曲轴变形的检验。曲轴在工作中常产生弯曲、扭曲变形，其原因多是由于使用、维修不当，如发动机经常在超负荷、爆燃下工作，以及曲轴轴颈与轴承配合间隙过大等，使曲轴受到大的冲击载荷；当发动机发生烧瓦抱轴事故时，曲轴会受到过大的转矩作用而产生弯曲、扭曲变形。曲轴弯曲变形后，将会加剧曲轴轴颈与轴承、汽缸和活塞连杆组的磨损，严重时，会使曲轴产生裂纹，甚至断裂。

检验曲轴弯曲变形多是将曲轴两端轴颈支撑在检验平板上的 V 形架上，使百分表触头直接接触中间主轴颈，然后慢慢转动曲轴一周，百分表指针摆动的最大值便是曲轴中间主轴颈的径向圆跳动量。当该径向圆跳动量≥0.15mm 时，需进行校正后再光磨曲轴轴颈；当径向圆跳动

量 <0. 15mm 时,可结合轴颈光磨加以消除。曲轴扭曲变形一般较小,多是结合连杆轴颈磨削加以修正。

③曲轴的裂纹和检验。曲轴的裂纹多发生在触柄臂与轴颈之间的过渡圆角处及油孔处。前者多为横向裂纹,易导致曲轴断裂,危险性大;后者多为轴向裂纹,它由油孔沿轴向发展。曲轴裂纹产生的主要原因是应力集中,曲柄臂与轴颈之间过渡圆角处及油孔处是最易产生应力集中的部位,尤其曲轴磨削时,如果过渡圆角半径尺寸磨得过小,表面粗糙度不符合要求,则更易产生应力集中,导致裂纹产生。根据技术标准,曲轴在修复前应进行探伤检查,不得有裂纹,但轴颈上沿油孔四周有长度≤5mm 的短浅裂纹或未延伸到轴颈圆角和油孔处的纵向裂纹(轴颈长度≤40mm,裂纹长度≤10mm;轴颈长度 >40mm,裂纹长度≤15mm)时,仍允许修复。曲轴有无裂纹,常用磁力探伤法或渗透法进行检查。用磁力探伤法检查曲轴时,由于曲轴外形不规则,磁化时磁力线分布极不均匀,所以在检查曲轴轴向裂纹时,需用大电流(大约 400A)作环形磁化;而在检查横向裂纹时,需要分段作纵向磁化。

(2)曲轴修后检验

①曲轴飞轮凸缘的检验(图 3-1)。为了保证离合器和变速器的正常工作,曲轴飞轮凸缘修后的径向圆跳动量、外端面的端面圆跳动量应符合技术要求。检验时一般将两端主轴颈支撑在平板上两等高的 V 形

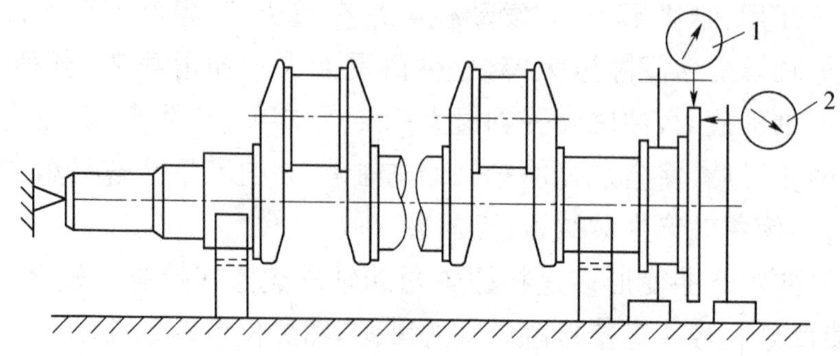

图 3-1 曲轴飞轮凸缘的径向和端面圆跳动量测量

1-百分表 1;2-百分表 2

架上，以曲轴两端主轴颈的公共轴线为基准，并对曲轴进行轴向定位，使百分表触头分别垂直地触在凸缘的外圆及外端面上，将曲轴旋转 1 周，百分表 1 的最大读数差即为飞轮凸缘的径向圆跳动量；百分表 2 的最大读数差即为飞轮凸缘外端面的端面圆跳动量。在检测端面圆跳动量时，若未指定测量半径，则可将百分表的触头接触在所测端面的最大半径处进行测量。

②曲轴连杆轴颈回转半径的检验。曲轴连杆轴颈回转半径的变化，不仅影响曲轴的平衡，而且影响活塞顶至汽缸体上平面的距离，从而引起发动机压缩比的变化，影响发动机的性能。曲轴磨削后，应检查连杆轴颈的回转半径，只有在技术标准允许范围内时，才能将曲轴装机使用。

检验曲轴连杆轴颈回转半径，可在专用的检验仪上进行，当无此设备时，也可将曲轴两端主轴颈支持平板上的 V 形架上，利用游标高度尺测量连杆轴颈处在最高、最低时的高度，两高度差值的一半，便是曲轴连杆轴颈的回转半径。

③曲轴平衡的检验。曲轴是高速旋转的零件，如果失去平衡，在工作时将使曲轴轴颈与轴承产生附加载荷，不但会加速曲轴轴颈和轴承的磨损，还会引起机器振动，并发生冲击响声。因此曲轴修理后，根据技术要求，必须进行平衡试验，其不平衡量应符合原设计规定，如 EQ1090E 型汽车发动机曲轴允许每端动不平衡量为 100g · cm。

零件的平衡分为静平衡和动平衡两种。静不平衡是由于零件的质心偏离了其旋转轴线而引起的，一般对直径尺寸较大而长度尺寸较小的盘形零件，如发动机飞轮、离合器压盘等应进静平衡试验。动不平衡是由于长形零件的质量沿长度分布不均而引起的，如发动机的曲轴、底盘的传动轴应进行动平衡试验。动平衡试验应在专用的平衡试验机上进行。

(3) 曲轴轴承的检验。汽车发动机的曲轴轴承，多为薄壁滑动轴承，由瓦背和减磨合金组成。瓦背一般用厚度为 1.45 ~2.45mm 的低碳钢板压制而成，背面一般镀有 0.001 ~0.003mm 的锡层，以保证与轴承承孔的良好接触；瓦背一端制有定位凸台，以保证定位可靠。轴承的减磨合金有巴氏合金、铜铅合金和铅基合金。

①轴承常见损伤和检验。轴承在工作中承受交变冲击载荷,负荷大,与曲轴轴颈产生高速摩擦。在发动机低速运转或起动时,由于油膜难以建立,易产生干摩擦,因此轴承会磨损,使它与轴颈的配合间隙增大,润滑条件恶化,并产生敲击声。轴承长期在交变冲载荷条件下工作,轴承合金有时会产生疲劳裂纹,严重时会造成合金剥落。机油中含有机械杂质,在轴承工作时,会进入轴承与轴颈的间隙中刮伤合金表面。在机油不足或超负荷条件下工作时,轴承合金可能熔化,引发烧瓦抱轴事故。

②轴承的选配和技术要求:

a. 当换用新轴承时,应选配与轴颈同级修理尺寸的轴承应保证轴承合金与瓦背结合牢靠,合金表面粗糙度符合技术要求,瓦背定位凸台完好;

b. 为了保证轴承与承孔的贴合,新轴承装入承孔内时,其上、下两片轴承端面应高出承孔平面 0.03 ~0.05mm;

c. 轴承弹力要合适,要求新轴承的曲率半径大于座孔的曲率半径,使轴承被压入承孔后,能凭借自身弹力的作用与承孔紧密贴合。

(4)飞轮的检验。飞轮的常见损伤是齿圈的磨损或破裂,与离合器接触的工作面磨损和擦伤也时有发生。当齿圈轮齿仅单面磨损时,可将齿圈翻转使用;个别轮齿打坏时,可堆焊修复后继续使用;当齿圈两面均严重磨损或轮齿损坏连续4 个齿以上时,应更换齿圈。

3. 配气机构主要零件的检验

发动机在工作过程中,配气机构的一些零件常产生磨损、烧蚀、变形等,降低了配气机构工作的可靠性和准确性,使发动机动力下降,燃油消耗增加。

1)气门组零件检验

(1)气门损伤的检验。气门在工作中的损伤主要有气门头工作面的磨损、烧蚀,气门杆的磨损和弯曲变形,气门杆的端面磨损等,使气门与气门座的密封性遭到破坏。

气门头工作面的损伤一般用观察的方法检查,当其工作面过宽、凹陷、烧蚀时，应进行修磨。

(2)气门导管的磨损和检验。气门导管和气门杆磨损后，其配合间隙增大，致使气门在工作时歪斜，气门因关闭不严而漏气，并会出现烧机油、气门卡死的现象。气门导管孔的磨损可用内径千分表进行测量，然后算出其和气门杆的最大间隙。当它超过允许极限时，应更换气门导管。

(3)气门座的损伤和技术要求。气门座与气门相配，在工作中承受着气门的冲击载荷及燃烧气体的烧蚀，使其工作面逐渐磨损变宽、凹陷及产生麻点，造成气门密封不严。气门座出现上述损伤后，应进行铰削修理。气门座修理后，应保证其工作面斜角角度、工作面宽度符合原厂规定，并保证与气门密封良好。

(4)气门弹簧的损伤和检验。气门弹簧长期在高温下承受着高频交变载荷作用，其自由长度会缩短，弹性减弱和发生变形，甚至发生裂纹或断裂，致使气门关门不严或滞后。因此，在发动机修理时，必须对气门弹簧进行检验。

气门弹簧的自由长度可用游标卡尺测量，气门弹簧弹力的检验应在弹簧弹力检验仪上进行，检验时，将气门弹簧装在仪器上，并压缩到规定的长度，检查其弹力是否符合要求。对于气门弹簧是否变形，可将气门弹簧放置在平板上，用90°角尺检查其垂直度误差，一般要求其上端间隙≤1.5mm；否则，应进行更换。

2)气门传动组零件的检验

(1)凸轮轴的损伤及检验。凸轮轴在工作中常产生凸轮磨损、擦伤，轴颈磨损及凸轮轴弯曲变形等缺陷。

①凸轮轴凸轮的检验。凸轮外形直接控制着气门的开启规律，影响着配气正时和气门开启时间断面系数。在工作中凸轮表面承受着周期性的冲击载荷，凸轮与挺柱(或摇臂)接触面积很小，单位压力大，而且两者相对滑动速度很高，因此凸轮表面产生磨损、擦伤及疲劳剥落。凸轮表面磨损是不均匀的，凸轮在顶部磨损最大，磨损后凸轮的尺寸和形

状发生了变化,影响进排气效果,使发动机性能下降。

凸轮磨损后通常用外径千分尺测量凸轮的最大高度 H 和基圆直径 D,两者之差便是其实际升程,然后公式算出其升程减小量 S 和累计磨损量 Δ。

②凸轮轴弯曲变形的检验。凸轮轴弯曲的检验方法,一般是将凸轮轴两端轴颈支撑在平板上的 V 形架上,用百分表测量中间轴颈的径向圆跳动量,当径向圆跳动量超过极限值时,应校正凸轮轴,使其径向圆跳动量≤0.025mm。

(2)气门挺柱的检验。目前,汽车发动机上所用挺柱有普通气门挺拄和液压挺柱两种。在工作中,挺柱外圆与承孔由于长期摩擦而产生磨损,使其配合间隙增大,影响配气机构的正常工作。一般用外径千分尺和内径千分表分别测量出挺柱外径及其承孔内径,当挺柱与承孔的配合间隙超过允许极限时,应更换挺柱。挺柱端面磨损,一般用观察法或样板进行检查。当其漏光缝隙 >0.02mm 时,应磨修或更换挺柱。液压挺柱除外圆产生磨损外,其内部柱塞与挺柱体之间也有磨损,影响其密封性,一般是用泄漏试验进行检验。

(3)正时链条、链轮和正时齿形带的检验。

①正时链条和链轮检验。正时链条和链轮在使用中常产生磨损,使链条伸长,引起传动噪声。链条磨损程度通常用检查其伸长量来判断。

②正时齿形带和带轮的检验。在工作中,齿形带常产生拉伸变形、齿损坏、磨损等缺陷,导致正时带打滑,破坏气门传动机构的正常工作。带轮一般磨损较少。检查齿形带时,首先用观察的方法,若有裂纹、缺口、脱胶分层,应予以报废。齿形带拉伸变形一般是在车上进行检查,用大拇指力(约 9.8N)压在齿形带中部,其挠曲度应不大于规定值(一般为 5 ~7mm)。

4. 冷却、润滑系主要零部件检验

1)节温器的检验

节温器的功能是根据冷却液温度的变化,自动控制冷却液的循环路线,以保持发动机正常的工作温度。因此,节温器的技术状况直接影响发动机的工作温度,发动机修理时,一定要对节温器技术状况进行检验。

检查节温器的技术状况,是将它放置在有水的容器内,将水逐渐加热,并用温度计测量水的温度,检查节温器阀门刚开启的温度、完全开启的温度及节温器阀门的升程是否符合技术要求。

2)机油泵的检验

机油泵是润滑系的主要部件,现代汽车发动机所用机油泵主要有齿轮式和转子式两种。

(1)齿轮式机油泵检查。齿轮式机油泵常产生齿轮齿面的磨损和损伤、泵盖内平面和齿轮端面磨损、齿轮齿顶和泵壳内圆磨损、齿轮轴和轴套磨损等。这些磨损,导致机油泵机件各配合间隙增大,泵油压力和泵油量下降。其检测参数:端面间隙检查、泵盖平面度误差检查、齿轮啮合间隙检查、齿顶间隙检查。

(2)机油泵的试验。机油泵修理装配后应进行试验,确认其性能符合技术要求后,再行装车使用。试验应在机油泵试验台上进行,其试验条件应和发动机正常工作条件相近。

当无机油泵试验台时,也可用经验方法检查:将机油泵和集滤器装复后,一同放入清洁的机油池中,然后用旋具按顺时针方向转动机油泵轴,此时应有机油从出油孔排出,当用手指堵住出油孔时,应感到有一定的压力。

5. 燃油系主要零部件的检验

1)汽油泵的检验

现代汽油发动机大多采用膜片式汽油泵,在工作中常发生摇臂磨损,进出油阀关闭不严,膜片破损漏油,膜片弹簧弹力不足,各接合平面不平等缺陷,由此导致汽油泵供给压力、供油量不足或不供油。目前,轿车大多采用不可拆卸的汽油泵,一旦损坏,只能报废;对可拆卸的汽油泵,当零件磨损损坏后,可更换或修复。

2)柴油机燃油系精密偶件的检验

柴油机燃油系的主要零件是精密偶件,如柱塞式喷油泵的柱塞偶件、出油阀偶件,喷油器的针阀偶件等。它们在很高的压力下工作,要求有很高的密封性,以保证高压油的形成,因此其精度要求很高,如柱塞偶件的圆度公差和圆柱度公差都为 0.001mm,表面粗糙度 R_a 为 0.1μm,配合间隙为 0.001 ~0.003mm。

6. 发动机大修竣工出厂技术条件简介

1) 汽油发动机

国标《商用汽车发动机大修竣工出厂技术条件　第 1 部分:汽油发动机》(GB/T3799.1—2005)对汽油发动机大修后的质量作出了详细的规定,要求发动机的外观整洁,装备齐全。对发动机的起动性能、额定功率和最大转矩、最大燃料消耗率和机油消耗量等要求按《汽车发动机性能试验方法》(GB/T 18297—2001)中的检验方法进行检验(环境温度在 15 ~30℃范围内,海拔变化后,发动机额定功率可按公式进行修正)。发动机的排放性能、噪声、增压(增压发动机)压力及温度以及机油消耗量等,都应符合有关标准或原设计规定。此外,对发动机的大修工艺和性能还作了如下规定:

①装配后的发动机如需进行冷磨、热试,应按工艺要求和技术条件进行冷磨、热试、清洗,并更换润滑油、机油滤清器或滤芯。原设计有特殊规定的按相应规定进行。

②发动机在各种工况下运转应稳定,不得有过热现象;不应有异常响声;急剧改变工况时,应圆滑过渡,不得有突爆、回火、放炮等异常现象。

③发动机在正常环境温度和低温(-18℃)时,都能顺利起动(允许起动 3 次)。

④在正常工作温度下,发动机其怠速运转稳定,其怠速转速应符合原设计规定,并能保证向其他工况圆滑过渡。

⑤在正常工作温度和标准状态下,发动机怠速运转时,进气歧管真空度符合原设计规定。

⑥最低燃料消耗率不得大于原设计标定值的105%。

2)柴油发动机

国标《商用汽车发动机大修竣工出厂技术条件　第2部分:柴油发动机》(GB/T3799.2—2005)对柴油发动机大修后的质量做出了详细的规定。与国标GB/T3799.1—2005相比,该国标还有下列特有(针对柴油机的特点)的规定:

①发动机在各种工况下运转,应稳定,不得有过热和异常燃烧、爆震等现象,不应有异常响声;改变工况时应过渡平稳。

②当发动机转速超过额定转速时,断油控制装置正常有效;紧急停机装置在发动机整个运转过程中可靠有效,不得出现失控现象。

③发动机在正常环境温度和低温-10℃时,都能顺利起动(允许起动3次)。

二 底盘主要零部件检验

底盘的作用是接受发动机的动力,使汽车产生运动。由于底盘在汽车运行过程中经常承受变化巨大的动载荷,各部分之间又存在着极其复杂的关联和影响,所以各部分零件除发生滑动表面的磨损外,还经常发生因疲劳或应力过大所引起的变形和断裂。底盘的技术状况直接影响到汽车行驶安全及发动机功率损耗,所以必须重视这部分零件的检验。

1.离合器主要零部件检验

1)离合器主要零部件检验

(1)从动盘部件。从动盘部件由摩擦片、钢片、从动盘毂等组成。从动盘部件常见的损伤有摩擦片磨损、烧蚀、开裂、脏污、铆钉松动、钢片翘曲变形及从动盘毂花键槽磨损等。其中,摩擦片的磨损和烧蚀是离合器损伤的主要形式。

①摩擦片的检验方法:

a.检视摩擦片有无裂纹、油污、烧蚀、铆钉松动等现象。

b.用游标卡尺测量铆钉头的深度,以检查摩擦片磨损程度和磨损均匀性。一般铆钉头应低于摩擦片工作表面0.5mm以上,否则,应予以更换。

②钢片变形的检验方法:用百分表在车床上测量钢片外缘端面圆跳动量,也可以把钢片放在专用的检验平板上,用塞尺在其周边测量翘曲量,但该方法不太准确。如钢片外缘端面圆跳动量超过允许值,则可用冷压校正法修复。

③从动盘毂的检验方法:

a. 用敲击听音法检查从动盘毂与钢片的铆合情况。

b. 用百分表或样板规检查花键槽的磨损量。

④从动盘部件的检验方法:

a. 用游标卡尺测量从动盘部件的厚度。

b. 用游标卡尺测量铆钉埋入深度。

c. 用塞尺检查摩擦片和钢片的铆接紧度:0.1mm的塞尺一般应不能插入两者之间(应无间隙)。

d. 用钢直尺和塞尺检查摩擦片表面的平面度,其值一般应≤0.50mm。

(2)压盘。压盘的损伤主要发生在与从动盘接触的表面上,表现为工作平面擦伤、烧蚀、磨损、变形和裂纹。双片离合器中间压盘常发生传动销孔磨损与传力槽的磨损。

压盘的检验方法是:

①检视压盘工作平面是否有沟槽,沟槽深度一般应≤0.5mm。

②用平面度检验仪、平板和百分表、平板和塞尺或直钢尺和塞尺检查压盘工作平面的平面度,如超过允许值,可用光磨法修复。

③在静平衡装置上对压盘进行静平衡。

④对于双片离合器的中间压盘,除了要检查上述项目外,还要测量其传动销孔(或传力槽)的磨损量,一般应≤0.50mm。

(3)压紧弹簧。压紧弹簧的常见损伤是弹簧的永久变形和弹力减弱,有时也会出现磨损和断裂等损伤。压紧弹簧的检验方法是:用离合器弹簧弹力检验仪或在平板上用高度游标卡尺测量其长度、压缩长度和相应的压力。

(4)离合器壳。离合器壳是直接连接发动机和变速器的重要机件，使用中承受较大的力，其常见损伤是裂、变形和承孔磨损等。

2)离合器装配后的检验

(1)用高度游标卡尺和直尺测量离合器分离杠杆端面至飞轮表面的距离，同时检查4个分离杠杆端面的高度差。

(2)用直尺测量离合器踏板的自由行程。

2.变速器主要零部件检验

1)变速器壳体与盖

变速器壳体与盖的常见损伤是变形、裂纹、轴承孔磨损和螺纹损坏等。

(1)变速器壳体与盖的裂纹和螺纹损伤的检验方法。变速器壳体与盖的裂纹和螺纹损伤等可用敲击听音法和检视法检查。变速器壳体与盖如有未延伸到轴承承孔的裂纹，可以修复；如裂纹已延伸到轴承承孔或安装固定孔，则变速器壳体和盖应报废。

(2)变速器壳体与盖的形位误差的检验方法。变速器壳体与盖一般为铸铁件，在铸造残余应力和工作负荷的作用下会变形。由于变速器壳体和盖的变形较难检验，且难以修复，所以很多维修企业不予检验。但是，变速器壳体与盖的变形会影响变速器的正常工作和使用寿命，特别是变速器壳体的变形会导致齿轮磨损加剧，传动噪声增大，自动脱挡等缺陷。因此，在变速器大修时，特别是第一次大修时，对其壳体和盖的形位误差的检验应给予充分重视。

2)滚动轴承

滚动轴承的检验方法如下：

(1)首先检视轴承的滚动体和内、外圈滚道的状况。滚动体和内、外圈滚道应无裂纹、斑点、凹陷、鳞片状金属脱落及烧损变色等。然后，用手指转动轴承，检视轴承的转动情况，轴承应运转平稳，转动声响均匀,无间隙感,无卡滞、摆动和杂音等缺陷。

(2)用带架百分表测量轴承的径向和轴向间隙,径向间隙一般应≤0.30mm,轴向间隙一般应≤0.50mm。

(3)用量具测量滚动轴承内圈内径、外圈外径,轴颈和轴承孔的尺寸,保证滚动轴承与轴颈及承孔的配合符合规定。

3)变速杆的检验方法

变速杆的常见损伤是球节、定位槽及下端球头磨损,严重时会使变速器脱挡或乱挡。检验时,一般采用与新件对比的方法或用经验法检查其球节和变速叉导块凹槽的配合。

3. 车架的检验方法

1)车架外观状况检视

观察车架的清洁程度、宏观裂纹、焊接或焊修质量、铆接质量、车架防锈处理质量和附属装置安装状况等。车架的裂纹、铆接情况与焊接质量还应用敲击听声音的方法进行检查。

2)车架形位公差的检验

(1)车架宽度用直尺、卷尺或专用游标卡尺检验。

(2)纵梁上平面及侧面的纵向直线度误差可用1m长的钢直尺和3mm厚的塞尺或用拉线法检验。

(3)纵梁侧面对车架上平面的垂直度误差可以用专用直尺、90°角尺以及塞尺进行检验。

(4)车架主要横梁对纵梁的垂直度误差可用90°角尺和塞尺检查。

三 电器与电子设备器件及总成检验

1. 蓄电池检验

1)蓄电池的常见损伤

蓄电池的常见损伤有外壳破裂、封口胶破裂、连接条烧断、极桩腐蚀、极板硫化、电解液脏污、极板活性物质大量脱落、极板短路等。

2)蓄电池的检验方法

(1)检视蓄电池外观,其表面应无明显的外部损伤。

(2)检查电解液液面高度,应为10~15mm或在液面线上。

(3)检查电解液的相对密度和温度。在蓄电池充足电的状态下,在加液孔中用吸式密度计测量电解液的相对密度和电解液的温度,应符合规定。

(4)用高率放电计测量蓄电池的电压,以检查蓄电池的存电情况。用高率放电计测量蓄电池的电压相当于用电压表测量发动机起动时的蓄电池电压,即蓄电池在大电流放电时的电压。该电压比较真实地反映了蓄电池的存电情况和起动性。高率放电计有旧式和新式两种。旧式高率放电计用于测量蓄电池单格电压;新式高率放电计则用于测量整个蓄电池的电压。为保证得到正确的结果,测量应在充足电的状态下进行。测量时,用力将高率放电计触针刺入正、负极桩,持续5s(时间不得过长),电压应能稳定。若电压稳定在10.6~11.6V,说明蓄电池电量充足,起动性好;若电压稳定在9.6~10.5V,说明蓄电池电量不足,但仍有良好的起动性;若电压迅速下降,则说明蓄电池已损坏。

2. 硅整流发电机检验

1)硅整流发电机的常见损伤

硅整流发电机的常见损伤有滑环表面油污、烧蚀、失圆,电刷磨损,电刷弹簧弹力不足,轴承磨损,转子弯曲,外壳破裂,硅二极管损坏,励磁绕组和定子绕组断路或绝缘破坏等。

2)硅整流发电机的检验方法

硅整流发电机的检验方法很多,包括整机静态测试、试验台试验和示波器检测等。这些方法均可用于修前故障诊断和修竣后性能检验。

(1)整机静态测试:

①测量各接线柱之间的电阻。在发电机不解体情况下,通过用万用表测量各接线柱之间的电阻,可初步判断硅整流发电机是否有故障。

②测量手转硅整流发电机时的电压。用12V直流电源给发电机励磁,将万用表置于2.5V挡,并将红表笔接"+"(电枢),黑表笔搭铁,然

后,用力转动硅整流发电机带轮,此时,万用表指针应快速摆动,指示一个电压值,再将红表笔接到"N"进行测试,万用表指针此时的指示值应为前者的1/2左右。该方法可在无检测设备情况下,粗略判断发电机的技术状况。

(2)试验台试验。在汽车电器万能试验台上测量硅整流发电机的空载转速和满载转速。该方法能准确判断发电机的性能。

3. 起动机检验

1)起动机的常见损伤

起动机的常见损伤:起动机开关主接触盘和触点烧蚀,副接触盘和触点表面脏污或氧化,触点或接线柱绝缘垫破损短路,复位弹簧弹力消失,接触盘搭铁或盘面歪斜;传动机构中小齿轮齿顶磨损或轮齿断裂,单向离合器发卡或打滑,缓冲弹簧折断;电刷磨损、脏污或卡死,励磁绕组断路。短路或搭铁,电枢绕组断路或搭铁,电枢轴弯曲,换向器表面烧蚀等。

2)起动机的检验方法

(1)起动机开关接通时刻的检验方法。拆掉起动机开关与电动机之间的导电片,并接好线后,在驱动齿轮与限位螺母(或止推垫圈)之间插入厚度为4~5mm的塞尺,然后闭合开关K,在驱动齿轮被推出后试灯应亮。若驱动齿轮被推出后试灯不亮,说明起动机开关接通时刻过迟;若闭合开关K时试灯即亮,说明接通时刻过早(易打齿)。

(2)起动机性能试验。起动机性能试验有空载试验和全制动试验两项。

4. 点火系统主要部件的检验

1)火花塞的常见损伤

火花塞的常见损伤有:过热、严重积炭、电极烧蚀、绝缘体破裂、漏气和侧电极开裂等。

2)点火线圈的常见损伤

点火线圈的常见损伤是:一次侧线圈或二次侧线圈短路、断路或搭铁,绝缘材料因老化而绝缘不良等。

3)霍尔式点火信号发生器的检验方法

检测点火信号发生器的信号电压。首先断开点火开关,然后将直流电压表的正极改接到信号发生器连接器上信号电压输出端子引线上,接着接通点火开关,转动触发叶轮。当叶片进入点火信号发生器的气隙时,电压表显示的信号电压应为9.8V;当叶片离开气隙时,电压表显示的信号电压应为0.1~0.5V。

如测得的点火信号发生器的输入电压和信号电压与上述值相符,则说明点火信号发生器良好;否则,点火信号发生器有故障,应予以更换。

5.照明设备与信号装置检验

1)前照灯照射位置的检验方法

汽车前照灯检验条件为:轮胎气压符合规定,前照灯配光镜清洁,汽车空载(允许坐1名驾驶人),场地平整。

现以东风EQl090型汽车装用的NDl70—III型前照灯为例,介绍前照灯的检验方法(其他车型前照灯的检验方法与之相似),如图3-2所示。

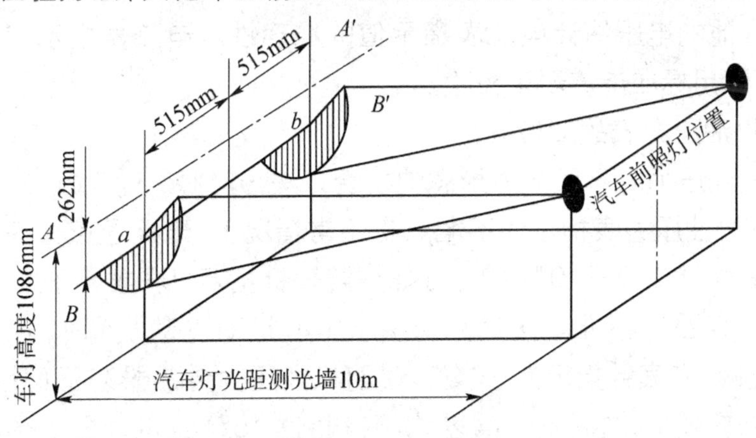

图3-2　前照灯检验方法

①使车头正对幕布或墙壁,并使前照灯距离幕布或墙壁10m。

②在屏幕上距离地面高度为1086mm处,画水平线*AA′*,在此水平线的下方262mm处,画水平线*BB′*,再在屏幕上画3条垂直线,其中一

条为中垂线,使它与汽车的中心线对正,另外两条分别位于中垂线的两侧,它们与中垂线的距离均为两前照灯中心距离的一半(515mm),并分别与水平线 BB' 相交于 a 和 b 点。在屏幕上再按接近光光形画出明暗截止线。

③检查左前照灯时,将右前照灯遮住,然后接通近光灯,左前照灯的近光光束中心应对准 a 点,其明暗截止线应与屏幕上的近光明暗截止线相重合。检查右前照灯的方法与左前照灯相同,右前照灯的近光光束中心应对准 b 点。

2)转向灯及危险报警灯检验

对转向灯及危险报警灯,主要是检查它们的闪光频率,其频率应为1.5 ±0.5Hz。

6. 仪表及辅助电器检验

1)电流表检验

(1)检视指针偏摆的灵活性。

(2)接通前照灯,电流表指针应指示负值,同时可根据前照灯的功率和蓄电池的电压估计电流表指示值的准确性。电流表指示值的准确性,也可以用标准电流表来校验。

2)机油压力表故障检查

就机油压力表不同故障形态的检查方法,分别如下。

(1)机油压力表指示值不准。在正常情况下,未接通点火开关时机油压力表表针应位于"0"以下。这时,若表针指示"0"或大于"0",说明机油压力表零位不准。接通点火开关(不起动发动机)时,表针应指"0"。此时,若表针指示大于"0",说明机油压力传感器装歪(外壳上的箭头方向应朝上,左右安装误差均不得超过15°)或机油压力传感器与机油压力表不匹配。发动机怠速运转时,表针应指示0.15 ~0.20MPa;发动机高速运转时,表针指示值应≤0.5MPa。断开点火开关后,表针应缓慢地退回到"0"稍下位置。

(2)机油压力表表针偏转到最右位置。接通点火开关后,表针立即偏转到最右位置的现象，说明电路有搭铁故障。

(3)机油压力表表针不动。接通点火开关后机油压力表表针不动，如机油压力表电源接线柱上有电，说明电路有断路故障。

7. 汽车空调系统密封性测试

1)检测仪器

(1)真空泵。真空泵是汽车空调系统真空密封性测试的重要设备之一，用于抽去制冷系统中的空气和湿气，以便充灌制冷剂。

常用的真空泵，以油作密封的有滑片式和旋转刮片式两种，以水作密封的有水环式。

(2)卤素检漏灯。它是一种丙烷液化气燃烧喷灯，其原理是泄漏的氟利昂气体从卤素检漏灯的吸入管被吸入而遇火焰时分解出氟氯元素，与钢化合生成卤素铜的化合物，使火焰颜色发生由绿到蓝直至紫色的变化。不同的火焰颜色即表明氟利昂泄漏程度：火焰颜色无变化，说明无漏气；火焰颜色为浅绿色，表明有微量漏气；火焰颜色为浅蓝色，表明有大量漏气；火焰颜色为紫色，说明有严重漏气。卤素检漏灯一般用于R12的检漏。

(3)电子检漏仪。电子检漏仪的原理：空间有制冷剂蒸气通过带电的白金丝电极时，便会立即引起其电阻变化，从而导致电路电流发生相应的变化，此时，检漏仪上的警铃及红色指示灯都会因电路电流的变化做出报警反应，从而查到泄漏的范围。电子检漏仪有用于检查R12泄漏的，也有用于检查R134a的。

2)检测工艺

(1)用真空泵检测制冷系统密封性。将空调系统与真空泵连接好，对制冷系统进行抽真空，当负压达到101.3kPa时，关闭压力表阀，保持系统真空度。若过了10min后真空度有所下降，则表明系统有微漏；若系统压力很快回升，则表明系统中有大漏。要查出具体器件泄漏，则要采用分段检测的方法：将被怀疑泄漏的器件从系统中拆下，然后将系统继续封闭后抽真空，如此时能保持真空度，则拆下的器件肯定有泄漏之处。但用真空法检测泄漏有很大的局限性，如制冷系统中胶管微漏就很难用真空法检测出来,还必须用高压测试法或其他办法来检测。

(2)用卤素灯检测密封性。

①点燃卤素灯,使火焰上部的铜环变成红热状态。

②转动调整手轮,使火焰伸出约5mm,火焰过长会降低检测的灵敏度。

③将卤素灯的吸口管对准各检漏部位仔细检查一周,并根据火焰颜色的变化判断有无泄漏。使用时要把卤素灯保持在垂直方向,尽量避免将制冷剂燃烧产生的有毒气体吸入人体。

(3)电子检漏仪检测密封性。该仪器最大的优点是灵敏度高,它能探试出系统每年只泄露1g重制冷剂的微量漏气率,并且用警铃及指示灯显示检测结果,操作比较方便直观,但必须注意检测用的探头,必须在被检测处停留7s以上,同时被检系统周围的空气中不能有其他系统释放出的制冷剂残余气体,否则难以进行检漏。

(4)肥皂水泡沫试漏法。此法实施时,系统中尚有相当部分的制冷剂,如制冷剂已泄漏完了,则必须将氮气充入系统中,以达到较高压力,一般为0.78MPa;然后把肥皂溶于水,用刷子涂抹到系统管道上,若出现泄漏,则必然会出现肥皂泡。此法较为原始,但比较简便,其优越之处还在于当用其他检漏器发现有泄漏时,要找具体漏点,非要用肥皂水法不可。它的不足之处是系统的有些部位,如狭小隐蔽处的系统管道,无法用肥皂水泡沫试漏法检测。

总之,检测试漏时上述各种方法大多是配合使用的,只有这样才能比较迅速有效地确定泄漏之处,以便进行处理。

第三节　汽车电控和液压系统检验

一　传感器的检验内容

传感器的检验通常应检查如下内容:

(1)传感器的信号电压(或数据流)。

(2)传感器的电源电压(仅对有源传感器而言)。

(3)传感器线束的导通性(短路或断路)。

(4)传感器的电阻值。

(5)传感器的波形。

二 氧传感器的检验

氧传感器是排气氧传感器的简称,其功用是通过监测排气中氧离子的含量来获得混合气的空燃比信号,并将该信号转变为电信号输入ECU。ECU根据氧传感器信号,对喷油时间进行修正,实现空燃比反馈控制(闭环控制),从而将过量空气系数(λ)控制在0.98~1.02之间(空燃比A/F约为14.7),使发动机得到最佳浓度的混合气,从而达到降低有害气体的排放量和节约燃油之目的。

三 喷油器的阻值的检验

喷油器的电阻值为:2~4Ω(低电阻型)或13~16Ω(高电阻型)。

四 自诊断法

现代汽车电子控制系统中,一般都设有故障自诊断系统。故障自诊断系统主要由ECU中的软件和"故障指示灯"等组成,不需要专门的传感器。电子控制系统工作时,自诊断系统对电子控制系统各种输入、输出信号进行监测,并运用程序进行推理、判断,将结果迅速反馈到主控系统,改变控制状态。此外,还根据自诊断结果控制"故障指示灯"工作。

归纳起来,一般常见的故障码显示方法有以下几种。

(1)利用仪表板上的故障指示灯的闪烁规律显示故障码。

(2)用指针式电压表显示故障码。

(3)发光二极管(LED)显示法。

(4)利用车上的数字式仪表进行数字显示。

(5)专用仪器显示方式。

五 数据流分析法

数据流分析法是诊断电子控制系统故障的重要方法之一。数据流是ECU对所控制的系统正常运行控制状态的数量表现形式。数据流分析法有以下几种方法:数值分析法、时间分析法、因果分析法、关联分析法、比较分析法等。

1. 数值分析法

数值分析法是对数据的数值变化规律和数值变化范围的分析,即数值的变化,如转速、车速、ECU读值和实际值的差异等。

2. 时间分析法

电脑在分析某些数据参数时,不仅要考虑传感器的数值,而且要判断其响应的速率,以获得最佳的效果。

3. 因果分析法

因果分析法是对相互联系的数据间响应情况和响应速度的分析。

4. 关联分析法

ECU对故障的判断是根据几个相关传感器信号的比较,当发现它们之间的关系不合理时,会给出一个或几个故障码,或指出某个信号不合理。此时不要轻易断定是该传感器不良,需要根据它们之间的相互关系做进一步的检测,以得到正确结论。

5. 比较分析法

比较分析法是对相同车种及系统在相同条件下的相同数据组进行的分析。

六 车载网络系统的检验

1. 车载网络系统的类型

目前存在多种车载网络系统协议,根据功能和速率不同,车载网络系统划分为A、B、C、D、E五类。

A 类:面向传感器/执行器控制的低速网络,数据传输位速率通常只有 1 ~10kbps。主要应用于电动门窗、座椅调节、灯光照明等控制。

B 类:面向独立模块间数据共享的中速网络,位速率一般在 10 ~100kbps 之间。主要应用子电子车辆信息中心、故障诊断、仪表显示、安全气囊等系统,以减少冗余的传感器和其他电子部件。

C 类:面向高速、实时闭环控制多路传输网,最高位速率可达 1Mbps,主要用于悬架控制、牵引控制、先进发动机控制、ABS 等系统,以简化分布式控制和进一步减少车身线束。

D 类:该类网络统称智能数据总线(Intelligent Data Bus),主要面向信息、多媒体系统等。

E 类:主要面向乘员的安全系统,应用于车辆被动安全性领域。

2. 车载网络的参考模型

车载网络系统结构一般主要包括两大部分:一是通信部分;二是网络管理部分。在现场总线的通信结构只采用了 ISO/OSI 的三层模型:应用层物理层和数据链路层。

这种结构简单,层次较少的通信结构主要是针对过程控制的特点,使数据在网络流动中尽量减少中间环节,加快数据传输速度,提高网络通信及数据处理的实时性。

1)应用层

在汽车工业,许多制造商都应用他们自己的标准,主要功能是为应用软件提供服务和接口。

2)物理层

物理层能够使用很多物理介质,例如双绞线、光纤等,最常用的是双绞线。

双绞线是由两根各自封装在彩色塑料套内的铜线缠绕而成的,缠绕在一起的目的是降低它们之间的干扰。多对双绞线之外再套上一层保护套就构成了双绞线电缆。

双绞线分为屏蔽型(STP)和非屏蔽型(UTP)两类,STP 在 UTP 外面再加上一个由金属丝纺织而成的屏蔽层,以提高其抗电磁干扰能力,因此,STP抗外界干扰的性能优于UTP,但价格要比UTP昂贵。相互缠绕的一对双绞线可作为一条信息通路。

光纤是有线传输介质中性能最好的一类。它是一种直径为50~1001um柔软的传导光波的介质,一般由玻璃纤维和塑料构成。在折射率较高的纤芯外面,用折射率较低的包层包住,再在包层的外面加上一层保护套,就构成了一根单芯光缆。

3)数据链路层

在物理线路上,由于噪声干扰、信号衰减等多种原因,数据传输过程中常常出现差错,而物理层只负责透明地传输无结构的原始比特流,不可能进行任何差错控制。因此,当需要在一条线路上传送数据时,除了必须有一条物理线路(链路)外,还必须有一些必要的规程来控制这些数据的传输。把实现这些规程的硬件和软件加到链路上,就构成了数据链路层。

3. CAN总线的组成

CAN数据总线由一个控制器、一个收发器、两个数据传输终端以及两条数据传输线组成。

第四节　车身修复质量检验

一 车身的基本类型

现代汽车车身是一种典型的壳体框架结构。按照其承载结构可以分为若干基本类型。

1. 车架式

该类型车身是由完整的车架承受载荷,而车身外壳则由骨架、蒙皮装配,连接在车架上而形成的,也称为非承载式车身。一般乘用车车身采用这种类型。

2. 整体式

该类型车身没有单独的车架，由不同形状的薄技件构成，以点焊连接成一个整体，承受车辆的载荷，也称为承载式车身。一般小型乘用车车身采用这种结构。

二 车身性能要求

1. 车身的结构

对于承载式车身而言，其安全性取决于受力时的效应控制和能量吸收。

(1)受力效应控制。受力效应控制是指当发生异常受力(比如发生碰撞)时，碰撞力使预先设计的、具有应变结构的部位发生如卷褶式的变形，将集中受力分散到整个结构上，减少被保护部位的受力和变形，以保护特定区域的安全。

(2)受力能量吸收。受力能量吸收是指当发生异常受力时，受力部位和受力变形吸收和分散能量，使能量消耗在这些特定部位，并沿特定方向使结构件变形，形成对车身结构的整体保护。

2. 车身材料

目前现代汽车车身仍然广泛采用钢铁材料。车身钢铁材料的类型有热轧和冷轧薄钢板，其厚度在1.5~7.5mm。热轧钢板多用于制成各种厚度较大的部件；而冷轧薄钢板则由于其良好的机械特性和表面质量，广泛用作车辆的覆盖件。

由于车身修复对象是金属材料的结构，因此了解和掌握有关金属的基本性能、有关国标就成为制定钣金工艺的重要前提。

按照钢板材料的成分，现代汽车常用的金展板材为强度较高的合金钢。虽然合金钢由于其高强度和重量轻而受到广泛的运用，但受外力变形后难以恢复原状以及由此而产生的内应力难以消除等，给车身修复带来一些问题，在车身修复时必须予以充分的重视。

金属材料性能包括力学性能和工艺性能两类。

(1)金属材料力学性能。

①弹性。金属材料的弹性性能是指受力后恢复原来状态的能力。“恢复状态”的实质就是可以自行消除因外力所造成的变形。车身金属材料的弹性性能可以用来评价其吸收外来能量并保持原形的能力。当车身结构受到外力作用时,金属材料的弹性可以减少由于变形而产生的安全性隐患。

②塑性。金属材料的塑性是指金属材料在外力作用下产生永久变形而不断裂的能力。当金属材料的变形超过其弹性极限时,将会出现回弹的倾向,但不能完全回到原来的形状,即产生永久性变形。显然,塑性好的金属材料加工工艺性能好,且在受到冲击时变形较大,因此吸收能量的能力强。另外在受到冲击时不易发生开裂和崩落的现象,有助于提高车身的安全性能。

金属材料的弹性与塑性实质上是金属力学性能中有关强度指标的一部分。而强度指标的具体表述则为“应力”。所谓应力是指金属材料受到外力的作用时,在其内部产生方向相反而大小相等的内部“抵抗力”。而单位结构材料构件横截面上所产生上述抵抗力就称之为应力。显见,所谓的应力在性质上是属于内力的一种。

如此则可定义金属材料的弹性极限:金属材料在外力作用下产生弹性变形所能够承受的最大应力。就是说:当金属材料在所受到的外力处于弹性极限范围内时金属材料产生弹性变形;当该外力增大至某个值时将产生永久性的塑性变形。

③加工硬化是指金属材料所受外力达到塑性变形的上限时,其变形部位的表面硬度将会产生较大的增加;金属材料的力学性能直接关系到车身的安全性能,同时在车身修复技术中也起到重要作用。

(2)金属材料的工艺性能。经修复的车身,其所用材料的工艺性能对车身结构的安全性能会产生影响,主要体现如下。

①金属材料的冲压性能。金属材料在某种温度状态下接受压力作用而产生特定的塑性变形。该过程所反映出的性能称之为冲压性能。

金属材料的冲压性能是金属材料进行锻压、冲压和挤压的成型能力。

②金属材料的焊接性能。在装配和修复车身的过程中，焊接是常用工艺手段之一。所谓的焊接性能是指：金属材料对焊接工艺和方法的适应性能与焊接的难易程度，在焊接部位是否容易形成气孔、裂纹和残渣渗透等缺陷，以及焊接部位与母材之间的牢固程度。也就是说，焊接性能较差的金属材料必须采用复杂的工艺、方法和设备进行焊接操作，而且其焊接部位的强度也不易保证。

金属材料焊接性能涉及的因素很多，诸如焊接材料合金成分的热稳定性、氧化性、熔气性、热应力性能、抗冷－热裂变性能等。在不同的工作环境、设备条件下，金属材料所反映出的焊接性能是有差别的。

金属材料工艺性能对车身安全的影响，体现在加工成型过程中产生的应力以及工艺过程与质量稳定性能。在对车身焊接修复时必须掌握金属材料的焊接性能，并严格执行相应的操作规范。

二　车身损伤的检验

现代汽车，特别是外型质量要求较高的乘用车车身的修复必须在严格检验的基础上进行，特别是碰撞能量传递圆锥区域的变形检测与分析，因此必须装备专用设备和工具，最好在获得有关车身的齐全的原始技术资料后再实施身修复。

车身钣金修整作业是根据车辆设计、制造的基本原理与结构而实施的修复作业。在车辆的修复过程中，每一步均需根据所获得的技术资料数据手册，按照严格的程序与工艺进行检测和修理，然后再对照车身及底盘的原车尺寸数据确定修复的完整性、可靠性和精确性。切忌采用主观臆测和仅凭经验判断的方法实施修复作业。

车身损伤的检验实际上就是车身形位误差测量。形位误差测量的基本控制原则就是所谓的“点、线、面”原则。获得正确的车身形位误差除了使用专用设备外，其车身基础技术资料的完备也是必要条件之一。

四 常用的工具与方法

在测量时维修人员应该对损坏的车身进行多次准确和重复的测量，并对照技术资料数据进行核对，以确定变形的大小和方向。常用的测量工具有普通卷尺和专用的、与大型车身测量/修复设备配套的系列测量规等。

主要测量方法有以下几种：

1. 直接法

该方法就是运用“点、线、面”原则直接测量两个点之间的尺寸，并与基准数据对照而获得特定部位的形位误差。

2. 定中法

当测量部位具有对称性质时，采用上述专门的系列测量规中的定中规，即可获得更为准确和直观的车身形位误差数据。观察定中规的状况可以直接判定变形的状况，这也是使用定中规测量的优点之一。

3. 坐标法

对于复杂的多曲面组成的小型乘用车车身测量，采用坐标法往往能够获得为理想的效果。该方法必须配套使用专用三坐标测量规，并在专用测量台进行测量，测量时使各个测量针接触被测部位，即可直接在测量台上标有刻度的部位直接读出测量数值。现代测量台采用先进的光学－红外三坐标测量方法，可以进一步提高精度和方便度。

五 车身修复

汽车发生碰撞后，车身多处产生变形，对其采取的修复办法主要包括整平和矫正、应力的消除、焊接修理以及对一些塑料构件、玻璃、玻璃纤维件的修理。

1. 整平

对于车身蒙皮表面产生的局部损伤，一般采用手工与机械整平作业。

(1)手工整平作业。因外部撞击原因而导致金属薄板局部形成单纯的凸鼓后，可采用敲击矫平方法。

将钣件清洗干净后，变形凸面向上放在专用作业平台上并予以手工或机械固定。敲击矫平开始时一手持锤由钣件四周边缘向鼓面中心逐步进行敲击。初始敲击边缘处时锤击力要重，锤击点密度要大；当作业点逐步向凸面中心移动时，锤击力度和锤击点密度逐渐减少。随着敲击轻重疏密的变化，金属板从四周开始延伸，逐渐至鼓面中心，最后使整个金属板的组织应力达到平衡。

敲击过程中，要随时观察板料形状变化情况，有针对性地改变敲击力和增减敲击点，不可在某一处敲击次数过多或用力过重，以免出现新的凸、凹变形。

钣件基本敲平后，再用木锤进行一次调整性的敲击，以使整个组织舒展均匀。该矫平工艺有利于金属板的充分延展并消除应力。

当车身蒙皮损伤后，金属钣件常会产生四周翘曲不平，即周边组织松弛、中间紧密且凸凹不平。这种变形是由于边缘受到挤压而产生金属板材拉伸膨胀所造成的。矫平这种变形时，一般的方法和顺序是从板料中部开始敲击，击点逐渐向四周边缘扩散，由密变疏，敲击力也由强变弱，即采用与上述凸鼓敲击相反的方法与工艺。

简单结构件的矫正也可采用手工作业形式，其工艺和方法类似于手工整平作业。

(2)机械整平作业。机械敲平比手工敲平效率高，工艺合理，精度也高，而且劳动强度小，噪声也小。但它不能完全取代手工敲平作用。整平机械除机动锤和风动锤外，主要是辊子式整平机等。

经整平作业后的金属板材必须严格控制形位精度，必要时参照样板进行作业。在安装时也必须作到无应力配合，严禁将整平作业精度较差的车身构件强行安装到装配部位，造成装配应力集中而导致车身构件再次自行损坏。

2. 矫正

大型车身结构件应该采用专用设备进行机械矫正的作业方法，目前较为广泛应用的是车身一大梁外部矫正修复仪。

3. 焊接

焊接是汽车钣金修理作业中不可缺少的一种工艺,几乎所有钣金修理作业及钣金制造零件作业的大部分都需要用焊接工艺来完成。

焊接的基本类型通常有:二氧化碳保护焊、氧－乙炔焊、电阻点焊和钎焊等。

焊接作业质量保证中最重要的因素是严格制定与执行科学的工艺与操作程序,其基本内容如下:

①损伤汽车进入修理程序时,应先拆除一切可拆除的构件,如散热器、前照灯、小灯、冷凝器、聚风罩、机盖以及相应的非金属材料等。此举的目的除方便操作和避免对车辆及其零部件造成额外损伤外,主要是防止焊接的高温引燃可燃物质造成安全事故。

②选择与确定焊接方法。二氧化碳保护焊一般用于车车门门槛及门槛加强柱;电阻点焊一般用于车的框架、翼子板与门槛连接处,而氧－乙炔焊在车身修理中用于表面清洁,切割损坏的非结构性的车身和零部件,或进行热收缩等处理工艺。

对于现代化程度较高的小型乘用车而言,应尽量提高焊接速度,避免由于加热时间过长而产生热应力,并尽量采用不会降低车身原有强度和寿命的焊接方法,如尽量采用惰性气体保护焊。新型车辆一般不使用氧－乙炔焊接方法;除了车辆制造时进行过钎焊的零部件的修复外,一般也不使用钎焊方法修复。

③进行焊接部位的清洁工作:仔细清除焊接部位的油污、残存的油漆与锈蚀物,提高焊缝的强度,方法可以采用氧-乙炔焊清除油污和工业洗涤溶剂清洗锈蚀物,但要注意防火。

④对于有损伤的部件进行焊接应先修复损伤部位然后实施焊接。

⑤油箱和各种工作液容器焊接前应彻底予以清洗和干燥,严格防止可燃气体存在而导致火灾。

⑥进行焊接后处理。清除残渣和氧化层;观察焊接部位焊缝的平整

程度，必要时用砂轮修磨；采用逐步冷却的方式消除热应力。

4. 消除应力

车身损伤和修复过程中经常会产生局部应力集中的现象，其原因一般如下：

①由于变形、损伤而产生应力积累；

②焊接作业产生热应力积累；

③不正确的钣金作业产生应力积累。

承载式车身应力积累的表现形式为：

①车门、车窗和天窗等开口部位变形；

②翼子板、挡泥板和发动机罩等蒙皮部位凹陷或起皱；

③悬架结构或发动机、传动系统的安装支架变形；

④油漆与涂层开裂；

⑤焊接部位产生裂缝、断裂或保护层开裂；

⑥当车辆再次发生碰撞事故时，应力集中部位易损程度加大；

⑦使用一段时间后结构、尺寸和外形发生非受力自然变形。

消除应力作业实际上最大限度地恢复原车身所具备的外形、寿命和功能。消除应力的基本方法有：

①矫正作业时注意按照技术数据逐步、间歇地施压矫正，防止过度矫正；矫正后用木锤对修复部位进行调整性轻敲击以均匀舒展金属组织，释放应力；

②严格控制加热温度和加热区域，采用逐步加温和提高焊接速度，防止金属氧化；

③根据技术设计手册掌握预应力部件的种类、位置以及安装方法，严禁随意拆装预应力部件；当预应力部件损伤需要修复与更换时，必须严格按照制造商技术手册的建议与规定实施；

④严禁随意添加、切除或减少零部件，严禁随意对结构件进行加强作业；

⑤不允许在受力状态下进行零部件的装配和安装；

⑥可能的情况下应尽量将相邻的零部件拆除后再对损伤部位进行修复;

⑦对同一部位,尽量不要同时进行更换与矫正零部件,在矫正之前,应首先完成其他所有的修理作业;

⑧对损伤部位施力矫正时,尽量采用直线加力方式。

六 车身维修质量检验

车身维修质量指标主要参考国标 GB/T5336—2005 有关标准。该标准对相关指标进行了定量和定性的规定,其基本内容如下。

1. 蒙皮

外表平整,外形曲面过渡均匀,无裂损,无严重锈蚀。更换外蒙皮时,对外蒙皮应做预应力拉伸和除锈、防锈、防腐处理;有加强折线的外蒙皮,折线应平齐,前后一致;外蒙皮内表面应与立柱骨架和衬板紧密贴合。

2. 骨架

①骨架各构件局部损伤、断裂或严重锈蚀时,允许加固修复或换用新件。更新件应符合设计要求。

②立柱间距误差及相邻两侧框架间距累积误差均应符合原设计要求。

③顶盖横梁弧度分 3 段用样板检查,其面轮廓度公差值为 4mm。

④骨架整形后,外型平整、曲面衔接变化均匀,侧窗下沿及地板围衬处用样板检查,其面轮廓度公差值为 4mm。

⑤车架纵梁上平面及侧面的纵向直线度公差,在任意 1000mm 长度上为 3mm,在全长上为其长度的 1%。

⑥车架总成左、右纵梁上平面应在同一平面内,其平面度公差为被测平面长度的 1.5%。

⑦乘客门框对角线长度差不大于 4mm,或用专用工具测量,允许误差符合设计要求。

⑧按照上述质量指标检验 5 个修整的骨架,即可判定质量。

第五节　车身涂装质量检验

一　涂料的组成

涂料由成膜物质、颜料、助剂和溶剂四部分组成。

(1)成膜物质——也称基料，是涂料的主要成分，对涂料和涂膜起决定作用。

(2)颜料——是一种有色的细颗粒粉状物质，一般不溶于水、油、溶剂、树脂等介质中，但能均匀分散于成膜物质及其溶液或其分散体中，它具有遮盖力、着色力和对光的相对稳定性，是有色颜料即色漆的一个主要组成部分。颜料使涂膜具有装饰和保护作用，并能增强涂膜的物理性能和耐久性能，有些颜料还能为涂料提供某些特殊功能，如防腐、导电、延燃等。

(3)助剂——也称为涂料的辅助材料，它可以改进涂料的生产工艺，如使用分散剂、润滑剂、消泡剂等。为保持储存稳定性，如使用防沉剂、防结皮剂等。为改善施工条件，如使用催干剂、防流挂剂等。为提高涂膜质量，如使用流平剂、消泡剂等。为赋予特殊功能，如使用防结霉剂、抗静电剂等。

(4)溶剂——是指在通常干燥条件下，可挥发的并能完全溶解成膜物质的单组分或多组分的液体。现代很多化学品，包括水、无机化合物和有机化合物都可以作为涂料的溶剂，其中有机物的品种最多，如脂肪烃、芳香烃、醇、酯、酮等。

二　涂料的性能

对涂料性能的检测，一是为了检验涂料的产品质量，防止变质或不合格的涂料投入使用；二是为了得到高质量的涂装效果，防止出现涂装质量问题。

1. 细度

涂料的细度主要是涂料中的颜料、体质颜料的颗粒大小或分散度。涂料的细度直接影响涂膜的平整性、保护性、透水性及涂料储存的稳定性。涂料的用途不同,涂料的细度要求也不同。如面漆要求涂料要细,而底漆则要求涂料不应太细,以免影响涂膜的附着力。

2. 固体分含量

在涂料的组成中,有不挥发成分和挥发成分,如树脂、油料、颜料等为不挥发成分,也是涂料形成涂层的主要成分;溶剂、稀释剂等为挥发成分,为涂料的制造、施工服务。

涂料固体分含量就是所含不挥发成分的百分比。即把一定量的涂料试样在一定温度下加热,使溶剂蒸发,经焙烘后的剩余物与溶剂蒸发前的涂料试样的质量比值,用百分比表示。

涂料的固体分含量的高低对涂料的用量、施工次数、涂层厚度,遮盖力等都有很大的影响。如果涂料的固体分含量低,则单位面积的涂料消耗重大,一次形成的涂膜太薄,遮盖力不足。而且涂料中的挥发会对人体和环境的危害大,目前粉末涂料、高固体分涂料应用越来越广泛。

3. 流平性

流平性就是涂料涂布于物体表面后,经过一定的时间,涂膜表面的痕迹能自行消失,形成均匀、平滑的表面的性能。流平性影响涂膜的形成质量。流平性太差,涂膜表面的痕迹不易消失,产生涂装缺陷;流平性太好,涂膜则容易产生流挂、流痕等缺陷。

当然,影响流平性的因素很多。在涂料的调配方面,如溶剂的溶解力和挥发速度;为了改善涂料的流平性,在涂料中加入流平剂等。在施工工艺方面,如涂料的施工难度、喷涂气压的大小、喷距的远近、重叠度的宽窄、喷枪的出漆量、一次成膜的厚度、施工温度、喷涂室的空气流速等,都会影响涂料的流平性。

4. 涂料的遮盖力

涂料的遮盖力指色漆试样均匀地涂覆在物体表面上,使物体表面的原有底色不复呈现的最少用漆量，称为涂料的遮盖力。涂料的遮盖力在修补涂装中直接影响修补质量和涂料用量。

如果遮盖力差，就需对被涂表面的底色进行清除封盖，增加了施工的工作量；在同样的施工条件下，遮盖力好的涂料涂布的面积大，遮盖力差的涂料涂布的面积小、用量大。

影响涂料遮盖力的因素有颜料颜色，颜料颗粒的大小形状、颜料在涂料中的分散程度等。测定涂料遮盖力的方法有：单位面积重量法、最小漆膜厚度法、光学仪器测定法。

5. 储存稳定性

储存稳定性是指涂料在正常的包装状态和储存条件下，通过一定的储存期限后，涂料的物理性能和化学性能所能达到原规定使用要求的程度。

6. 活化期

活化期是指双组分或多组分涂料在使用前，按产品说明书所规定比例混合后均匀的程度及混合后可使用的最长时间，也叫做可使用期。

三 涂装表面预处理的必要性

工件表面经过预处理，使工件表面无油、无锈、无其他污物，并具有一定的粗糙度，能使涂料牢固地附着在工件表面上。

涂装表面预处理的方法，应根据被涂工件的用途、材质、要求和表面状况，采取不同的与之相适应的处理方法。如经脱脂、除蜡、除锈的黑色金属，可首先在其清洁的表面进行磷化处理和涂抹转换涂料（金属表面转换剂），这样既可防止金属腐蚀，又能增强对涂膜的附着力。总而言之，表面处理完善，正确的施工工艺，适合的使用环境，能在很大程度上延长涂膜的使用寿命。

四 涂膜的类型

涂膜一般分为以装饰性涂膜为主和防护性涂膜为主两大类，具体可分为五个等级。

(1)高级装饰性涂膜(或称Ⅰ级涂膜)。具有最佳的涂膜外观,最好的装饰效果,表面丰满、平整、光滑、色泽一致、无肉眼可见的缺陷。如高级轿车车身。

(2)装饰性涂料(或称Ⅱ级涂膜)。较Ⅰ级涂膜水平稍低,仍有很好的装饰效果。如用于装饰性较高的汽车驾驶室。

(3)保护装饰性涂膜(或称Ⅲ级涂膜)。无影响防护性能的弊病,应有较美观的外表。

(4)一般防护性涂膜(或称Ⅵ级涂膜)。要求具有一般的防蚀功能,无装饰性能要求或要求较低。

(5)特殊防护性涂膜(或称功能性涂膜、一般复合涂膜)。这种涂膜对被涂物能起到特殊的防护或特殊的功能作用。

五 底涂层的施工检验

底涂层是物体表面的基础用料,是任何组合涂层的第一层,其主要作用是提供附着力和防腐蚀。作为检验人员应了解常用底层的特点和施工工艺。检验人员应根据工艺规范检查施工情况,杜绝不规范操作,确保施工的质量。汽车涂层修补用底涂层应具备的特性如下。

(1)对经过表面预处理的车身金属表面有良好的附着力,形成的底涂层应有良好的力学性能。

(2)底涂层应具有极好的耐蚀性及耐化学品的性能。

(3)底涂层应具有优良的封闭性,即防"三渗"性能(渗水、渗氧、渗离子)。

(4)底涂层除了具有对金属的配套性外,还应具有对二道底漆、腻子或面漆层灼良好配套性。

(5)汽车涂层修补中的底涂层应具有良好的施工性能。

六 腻子的施工检验

腻子是一种以颜料、填充料、油料或树脂、催干剂、溶剂调制而成的呈稠浆状的物质，以填平物体表面凹坑、焊接缝及擦伤、锈眼等缺陷，直至形成平整光滑的表面。但刮腻子不能代表钣金所有的工作，合理的钣金件表面平整度的变形量不得超过2mm，表面不得有裂口或未焊接的接缝等。刮涂的次数（层数），主要取决于表面状况，施工质量要求、操作人员技术水平，一般刮涂1~5层，直至达到涂装的要求。

七 中涂底漆的施工检验

中涂底漆在涂层组合中是在面漆之下的涂层，主要起到增强涂层间附着力的作用，同时还起到加强底涂层的封闭性和填充细微痕迹的作用，中涂底漆的施工方法，如涂膜的厚度、干燥条件、喷涂技术、稀释剂选用、涂料黏度、施工环境、腻子作业的质量都会影响中涂底漆涂装后的质量，进而影响面涂层的质量。检验人员应熟悉中涂底漆的特性，控制涂层质量。现将中涂底漆的特性叙述如下。

①与底漆、腻子、旧涂层及面漆层有良好的配套性，例如同时为底漆层和面漆层提供良好的附着力。

②干燥后涂层硬度适当，有良好的打磨性能及耐水性，湿磨后表面平整光滑，无起皱、脱皮等，局部喷漆边缘平滑性好，无接口痕迹。

③有良好的填充性能，经打磨后以消除表面上的轻微划痕、砂痕、小砂孔等。

④能阻止面漆层的溶剂渗透到底涂层、腻子层、旧漆层。

⑤中涂底漆具有良好的防渗透性，可以提高面涂层的光泽度，因而提高了面漆层的装饰性能。

⑥汽车涂层修补用中涂底漆应具有良好的施工性能，如温度适应性，干燥迅速，施工容易等。

八 黏度的测定

涂料的黏度过高或过低，都会直接影响涂料的质量并带来很多弊病。所以黏度的测定和控制是涂料生产过程中的关键环节之一，其测量方法很多,分别适用于不同的产品。下面介绍如下。

涂一4 杯黏度计(图 3-3)(流出法)测量范围是 20s 以上的涂料产品,是将一定量的涂料试样倒入黏度计的杯中,在标准规定的 25 ±1℃温度下,测定涂料试样从黏度计杯底流出的时间,如流出的时间为 72s,即为该涂料的黏度值。

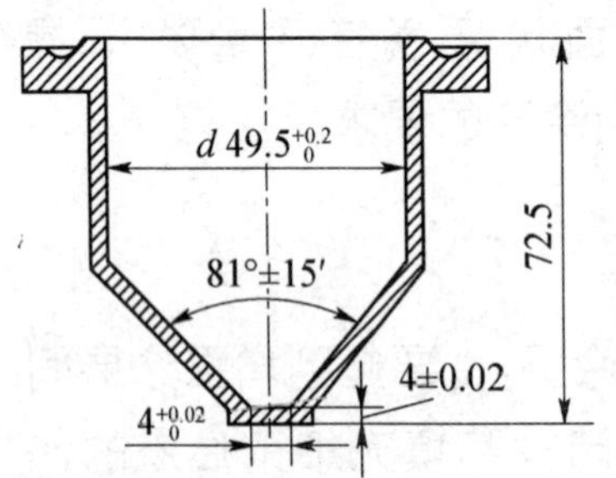

图 3-3 涂—4 杯黏度计

九 光泽的检验

涂膜的光泽是涂膜表面受光照射时光线向一定方向反射的能力,也称镜面光泽度。

涂膜的光亮度是涂料装饰性能的重要指标,涂膜光泽高低决定于涂膜平整光滑,致密度大,因此它不但有靓丽的外观,还具有对底材很好的封闭保护能力和抗腐蚀能力。

根据实际使用要求,把涂膜的光泽分为高光泽 90% 以上;中等光泽(半光)30% ~70%;无光泽 30% 以下。

十 涂膜老化的基本特征

涂膜的老化因素很多,阳光、温度、湿度、氧、氨、雨、雪、风沙、霉菌等则是老化的外因。检验人员应能判断涂膜老化状况,现将涂膜老化的特征叙述如下。

1. 失光

失光是涂膜老化的最初特征,由于涂膜受太阳光中紫外线照射的影响,引起光化学反应,使树脂成分发生降解,逐步丧失原有光泽,直至发展成全部失光。涂层光泽是装饰性涂膜的重要指标,涂层一旦失去光泽(原始无光泽涂层除外)就无装饰性可言,所以通过涂料涂装,能使涂膜达到光彩照人、丰满度好、鲜映性极佳,不仅关系到涂料的正确选择,也是衡量涂装工艺水平的重要指标之一。

2. 变色

变色也是涂膜开始老化的一个显著的征兆。涂膜从正常的颜色发生色相或色泽的改变，有的变深，有的变浅，有的发暗，有的白色变黄，有的红的变粉色或变浅等，这些都属于变色。其原因是由于光化学反应的结果，对色漆来说，其变色与树脂有一定的关系，但主要还是取决于选用的颜色的性质，不同的颜色有不同的光敏感性，由此显示出不同的保色性。

3. 粉化

粉化是涂膜老化逐步深化的特征，其原因主要是受太阳紫外线的辐射和氧的存在下相互作用引起树脂分子链的交联或降解，促使树脂与颜料颗粒之间的分离，出现脱粉现象。其次是与颜料的性质、晶形也有很大的关系。

粉化现象是涂膜发生严重失光或完全失光之后才会有的，也就是说此时的涂膜，不仅已完全丧失了装饰特性，而且它的防护性能也已开始遭到了破坏，标志着涂膜老化已趋向于严重阶段。

4. 起泡

涂膜表面的鼓泡，有水泡也有气泡。这是因为涂膜在干燥的过程中，由于溶剂的挥发产生许多肉眼难见的微孔，这些微孔给外界的水分和各种介质气体创造了入侵的途径。在涂膜未老化以前，这些进入膜内的气体、水分一部分被颜料所吸收，另一部分受内应力的作用，被慢慢扩散到涂膜外边或借助日光、温度变化而蒸发。但涂膜老化以后逐渐减少了这种作用力，随着水分、有害气体侵入的不断增加而无法排除，就造成了涂膜鼓泡的恶果。其中耐水性和附着力差的涂料，再加上涂装前预处理不彻底，就更容易引起涂膜产生起泡。

5. 龟裂

龟裂也称为开裂或裂纹。表现为涂膜局部或全部表面出现形状不一、深浅不同的裂纹，有发状裂纹、网状裂纹等。龟裂的主要原因是太阳光、雨、露的交替作用，使涂膜发生吸水和脱水的反复循环作用所致。另外,由于受温度变化的影响,促使涂膜张力发生变化,使树脂分子链受紫外线的照射发生断裂,也是引起涂膜开裂的主要原因。龟裂的产生过程,先是表面出现细微裂纹,逐步加深,最后深达到底层直至露底,使涂膜彻底丧失保护性。

6. 脱落(剥落)

脱落是涂膜老化过程中,涂层失去原有性能和附着力从基底上自行脱离的一种现象。它是从失光、变色、粉化、起泡、龟裂发展到最后脱落,是涂膜老化走完最后里程,到达终点的鲜明标志,已彻底起不到涂膜的保护作用,更谈不上什么装饰要求了。

十一 涂膜出现色差的原因及防止方法

涂料表面的颜色与原色卡或样板相差甚远,称之为色差。

①原因。涂料制备时,配色未按标准样板进行,使色差过大。

②防止方法。用同类型、同品种涂料,对照标准色卡按一定比例重新调配。调色时要在光线充足、柔和的场地进行,但不允许在阳光直照下调色,在自然光照不足,只能选择白色光照明,禁止任何带色的光源照明。

十二 爆皮原因及防止方法

表面涂层薄膜上出现气泡或斑点,通常是在涂喷几个月后。

①原因。导致爆皮的原因有以下几个方面。

a. 不恰当的表面清洁或准备工作。细小的遗留在表面的脏物斑点的作用像一块海绵留住了水分。当面漆暴露在阳光下(或空气压力的变化),水汽膨胀并产生压力。当压力足够大时,爆皮便形成了。

b. 错误的稀释剂。快速干燥的稀释剂的使用,尤其是当喷涂得过干或过高的压力喷涂。空气或水汽会被封闭在薄膜中。

c. 过厚的薄膜。涂层之间干燥时间不充分或喷涂了过厚的底涂层,能将溶剂封闭在其中,过后溶剂逸出而造成彩色涂层的爆皮。

d. 压缩空气管道中的污物。管路中的油、水或脏物。

②防止方法。防止产生爆皮的方法主要有以下几点：

a. 打磨前彻底地清洁要喷涂的区域。不论喷涂底涂层，还是喷涂表面涂层，在喷涂前要保证表面的完全干燥。不要接触已清洁的表面，因为手上的油会污染表面。

b. 选择最合适现有车间条件的稀释剂。

c. 允许底涂层和表面涂层有适当的干燥时间。务必让每个涂层在喷涂下一个涂层前快速蒸发。

d. 每天排干并清洁空气压力调节器以去除存留在其中的水气和脏物。空气压缩机的储气罐也要每天排干。

③解决方法。如果损伤是大范围的并且是严重的，涂料必须被去除到底涂层或金属层，这取决于爆皮的程度。然后再喷涂。在不那么严重的情况下，爆皮可以被打磨掉，重修表面，并再喷涂表面的涂层。

十三　裂纹原因及防止方法

一系列的深裂纹类似于干枯池塘中的泥土龟裂。经常以三角形的形状出现并且没有固定的模式，它们经常深及彩色涂层，甚至有时会达到底涂层。

①原因。导致裂纹的原因有以下几个方面：

a. 过大的薄膜厚度。过厚的表面涂层放大了正常的应力和应变，这样甚至在正常条件下也会导致裂纹。

b. 材料没有混合均匀。

c. 不充足的快干时间。

d. 不正确的添加剂使用。

②防止方法。防止产生裂纹的方法如下：

a. 不要过于加厚表面涂层。在每个涂层之间允许有充足的快干蒸发和干燥时间。不要使用气枪干燥。

b. 将所有的底涂层和表面涂层颜料搅拌彻底。过滤面涂层涂料并在需要时添加白斑消除剂。

c. 同第一步。

d. 阅读并仔细遵循标签指示。并非为一种彩色层特殊设计的添加剂可能会削弱最终涂料薄膜的质量并使其对裂纹更加敏感。

③解决方法。受影响的区域必须被砂磨掉以完成光滑的面漆,在特别严重的情况下,去除要深及裸漏的金属并再喷涂面漆。

十四 薄边劈裂原因及防止方法

薄边劈裂看上去像是沿着薄边的擦伤痕迹(或裂纹)。发生在表面涂层喷涂在清漆填实底漆上的期间或稍在其后。

①原因。导致产生薄边劈裂的原因有以下几个方面:

a. 底面涂层"堆在"厚而且湿润的涂层上。溶剂被封在底面涂层下而没留足够的搁置时间。

b. 材料没有均匀混合。因为填实底漆中颜料的高含值,可能会在其被稀释之后发生沉淀。

这种材料未经搅拌的延迟使用导致喷涂出颜料松散地保留在其中的薄膜,含有遍及各处的空隙和裂纹,这使得薄膜的作用像一块海绵。

c. 错误的稀释剂。

d. 不恰当的表面清洁和准备工作。当清洁不恰当时,填实底漆涂层会因缺乏润泽和粘着而脱离边缘。

e. 不恰当的干燥。在填实底漆喷涂后用喷枪通风干燥导致在溶剂或空气从下面的涂层中被释放出来之前表面的干燥。

f. 过量的使用(或在薄膜构成中使用)油漆腻子。

②防止方法。防止产生薄边劈裂的方法如下:

a. 喷涂薄到中等厚度的经适当稀释的填实底漆涂层,留足够的时间让溶剂和空气逸出。

b. 彻底搅拌所有底面涂层和表面涂层涂料。选择适用于现有车间条件的稀释剂。

c. 在打磨前彻底清洁要喷涂的区域。

d. 喷涂薄到中厚的填实底漆涂层，留足够时间让溶剂和空气逸出。

e. 清漆腻子要限制在小的缺陷的填充上。腻子过厚将在最后收缩而造成薄边劈裂。

③解决方法。去除受影响区域的面漆并进行再喷涂。

第四章 汽车配件质量检验和控制

第一节 汽车常用金属材料性能

一 合金结构钢

合金结构钢可分为以下几种。

1. 低合金结构钢

低合金结构钢与含碳相同的碳素结构钢相比，其性能要优良得多，用来取代碳素结构钢，可节约钢材，减轻重量，且使用可靠。

汽车上的车架纵梁、横梁、发动机吊耳等是由不同牌号低合金结构钢制造的。

2. 合金渗碳钢

合金渗碳钢是按热处理方法命名的，零件的主要热处理是渗碳和淬火加低温回火。由于合金渗碳钢制造的零件经热处理后，不仅有高的表面硬度和耐磨性，而且能大幅度提高零件芯部的强度和韧性，从而提高抵抗冲击载荷的能力；因而常用于制造汽车上承受高速、重载、强烈冲击和剧烈摩擦的零件，如用 15Cr 制造活塞销，用 20CrMnTi 制造变速器齿轮、差速器十字轴、半轴齿轮等。近年来，汽车中也广泛应用含硼的渗碳合金钢（20Mn2B、20MnVB），用来代替 20CrMnTi，以节约贵重合金元素铬。

3. 合金调质钢

合金调质钢经过调质处理（淬火后再高温回火处理）后，可获得高的强度和韧性。若调质后再进行淬火，能进一步改善零件表面的耐磨性。合金调质钢主要用来制造重载荷、冲击载荷的零件，如汽车上的半轴、连杆、万向节叉及变速器二轴等。由于这些零件都是承受较大的冲击载荷，不仅要求有很高的强度，还要求有很好的塑性和韧性，即要求有较好的综合机械性能。

4. 合金弹簧钢

弹簧在动载荷作用下工作，要求它具有较高的疲劳强度和抗拉强度、良好的工艺性和足够的韧性与塑性。在特殊环境下使用的弹簧，例如气门弹簧，还需要有一定的耐热性和耐蚀性。汽车中常使用65Mn 制造气门弹簧，使用 55SiMnVB、55Si2Mn、60Si2Mn 制造铜板弹簧。

5. 滚动轴承钢

滚动轴承钢是用来制造滚动轴承的滚动体和内外圈的专用钢。轴承零件具有高硬度和耐磨性。滚动轴承钢也可作为工具钢用于制造刃具(丝锥、板牙、铰刀)及量具等，以及用于制造工作性能与轴承相类似的耐磨零件，如柴油机中的喷油泵柱塞、喷油器针阀等。

二 钢的热处理

1. 退火

退火是将钢件加热到临界温度以上 30 ~50℃，保温一段时间后，随炉缓慢冷却到室温的热处理工艺。其目的是降低材料硬度，提高塑性和韧性，改善切削加工性能和冷变形加工性能，细化晶粒，消除钢中的组织缺陷，为热轧、热锻、热处理作准备；消除前一工序铸、锻、焊等工艺过程中产生的内应力，以防止或减少变形和开裂。按照钢的化学成分和热处理目的的不同，退火可分为完全退火、球化退火和去应力退火。

2. 正火

正火是将钢件加热到临界温度以上 30 ~50℃，保温一段时间后，从炉中取出，放在空气中冷却到室温的热处理工艺。其目的与退火基本相同，但正火后钢的组织致密，强度、硬度比退火后高。

3. 淬火

淬火是将铜件加热到临界温度以上30～50℃,保温一段时间后,在冷却介质中快速冷却的热处理工艺,常用的冷却介质有水、盐或碱的水溶液、矿物油。淬火是强化钢件最重要的热处理工艺,淬火的主要目的是提高钢件的硬度和强度。对于工具钢,主要是提高钢的硬度,以保证刀具的切削性能和工具的耐磨性:对于中碳钢,主要是提高钢的强度和韧性,获得综合的机械性能。事实上,淬火无法提高金属的韧性,只有淬火后再进行回火处理才能同时获得高强度和高韧性,所以淬火后再回火的热处理通常作为零件的最终热处理。

常用的淬火方法有:单液淬火法、双液淬火法、分级淬火法、等温淬火法和局部淬火法。

4. 回火

回火是将淬火后的钢件再加热到临界温度以下的某一温度,保温一段时间,然后在空气或油中冷却至室温的热处理工艺。回火的目的是减少或消除淬火时产生的内应力,调整硬度,降低脆性,获得所需要的韧性和塑性,保证钢件的形状、尺寸在使用过程中不再发生变化,获得零件所需的机械性能。

常用的回火方法有:低温回火、中温回火、高温回火;某些高合金钢还可在640～680℃进行软化回火;某些量具等精密工件,为了保持淬火后的高硬度及尺寸稳定性,有时需要在100～150℃进行长时间的加热(10～50h),又称为尺寸稳定处理或时效处理。

5. 表面淬火

表面淬火是将钢件的表面快速加热到淬火温度,而不等热量传至中心即迅速冷却,以达到表硬内韧的热处理工艺,其目的是使钢件表面获得较高的强度、耐磨性和疲劳强度,而心部仍具有足够的塑性和韧性。如钢件含碳虽太低,淬火后易导致硬度不足;钢件的含碳量和合金元素的总量太高时,淬火后易出现裂纹。

根据加热方法不同,表面淬火可分为火焰加热表面淬火和感应加热表面淬火。

6. 化学热处理

化学热处理是将钢件置于某一介质中加热、保温和冷却，使介质的某些元素的活性原子渗入钢件表层，以改变钢件表层的化学成分从而改善表层性能的热处理工艺。其目的是提高钢件表层的硬度、耐磨性、耐腐蚀性和抗氧化性。

目前常用的化学热处理方法有：渗碳、渗氮、碳氮共渗、多元共渗，目的是提高钢的表面硬度、耐磨性和抗疲劳性，渗氮还可以提高热硬性和耐蚀性；渗铬、渗铝、渗硅的目的是提高抗氧化性、耐酸性等，其中渗铬、渗硅还可增加耐磨性。

三 球墨铸铁

球墨铸铁内部的碳以球状石墨形态存在，又称为球铁。球墨铸铁兼有铸铁和钢的理化性能、机械性能和工艺性能，强度、塑性和韧性都超过了灰口铸铁和可锻铸铁，而铸造性、耐磨性及切削加工性能和灰口铸铁不分上下，甚至在某些方面可与钢相媲美（应该指出，球墨铸铁的综合机械性能还是不如碳素钢），可以代替钢材制造部分重要的机械零件。

球墨铸铁也可以进行各种热处理，主要是改变基体的组织和性能（无法改变石墨的分布状态），一般来说，钢的热处理方法均适用于球墨铸铁，常用的热处理方法有：退火、正火、调质处理、等温淬火等。

四 铝合金

铝合金是在铝中加入适量的锡、铜、镁、锰等元素后获得的合金。经处理后，铝合金的机械性能可与钢铁相媲美。

用铝合金制造汽车零部件能使汽车整体质量大大减轻，有利于提高车速，增加载质量和减少燃油消耗。随着技术进步，特别是轿车中的零部件已越来越多地采用铝合金制造。

按铝合金的成分和加工特点，可分为形变铝合金和铸造铝合金。

(1)形变铝合金。形变铝合金分为防锈铝合金、硬铝合金、超硬铝合金和锻造铝合金等。

防锈铝合金有铝—锰和铝—镁型两类铝合金。它具有中等的强度和良好的塑性,且耐蚀能力强、抛光性好,光泽可长期保持,可用来制造各式容器及车辆装饰件等,也可制造铆钉及其他零件。

硬铝合金有铝—铜—镁和铝—铜—锰两类铝合金,可通过淬火时效处理提高其强度和硬度,常用于制造铆钉等零件,但硬铝的耐蚀性比纯铝差,因此常在其表面包一层纯铬,以提高其耐蚀性。

超硬铝合金是在硬铝合金中再加入锌元素组成,也可通过时效处理来提高强度,强度超过硬铝,主要用于制造高强度构件。

锻造铝合金的化学成分和硬铝相似,能通过时效处理来提高强度,在加热状态下有良好的塑性,可进行热变形加工。

(2)铸造铝合金。铸造铝合金俗称铸铝,在汽车上应用较多。铸铝分为铝硅合金、铝铜合金、铝镁合金、铝锌合金等。

铝硅合金是目前应用最广泛的一种铸造铝合金,其主要添加元素是硅,此外还有镁、铜、镍等,它具有良好的机械性能、铸造性能、抗腐蚀性等优点,所以得到广泛应用。

汽车上用铸造铝合金制作的零件有:活塞、汽缸盖、汽缸体、离合器壳体、风扇等。

五 铜及其合金

1. 纯铜

工业纯铜呈玫瑰红色,表面形成氧化膜后呈紫色,又称紫铜。它具有良好的导电性、导热性、塑性和耐腐蚀性,可进行各种形式的冷、热压力加工,但强度和硬度较低。

在汽车上一般用厚度为0.2~2.0mm的纯铜板制造汽缸衬垫、进排气歧管衬垫和轴承垫片,用铜棒制造各种管接头,用纯铜管制造制动管、散热管、高压油管。

2. 铜合金

根据合金的成分不同，铜合金分为黄铜和青铜。

(1)黄铜。黄铜是铜与锌的合金，即为铜锌合金，含锌量一般在35%~40%。黄铜按化学成分的不同可分为普通黄铜和特殊黄铜，按加工工艺的不同可分为压力加工黄铜和铸造黄铜。普通黄铜是铜、锌组成的合金，机械性能比纯铜好。特殊黄铜是在普通黄铜中分别添加铅、锡、铝、镍、硅等合金元素合成的合金。黄铜加入合金元素后能进一步提高强度、耐磨性等机械性能。

普通黄铜常用来制造散热器、分水管等零件。特殊黄铜常用来制造转向节衬套、钢板弹簧衬套、行齿轮及半轴齿轮支撑衬垫等零件。

(2)青铜。除黄铜和白铜(铜镍合)以外的铜合金，统称为青铜。青铜按化学成分的不同可分为锡青铜(普通青铜)和无锡青铜(特殊青铜)，按加工工艺的不同可分为压力加工青铜和铸造青铜。

锡青铜是以锡为主并加入少量的锌、磷、镍等元素的铜合金，含锡量一般≤10%，具有良好的强度、硬度、耐蚀性和铸造性，适用于铸造形状复杂、壁厚较大的零件，常用来制造轴承材料。

无锡青铜是添加铝、镍、硅、锰、铍、铅等元素的铜合金，并以添加的元素命名，如铝青铜、硅青铜、铍青铜等。无锡青铜具有高的强度、耐磨性及良好的耐蚀性和铸造性，有的还具有很高的导热性和热强性，是锡青铜很好的代替品。其中铝青铜的耐蚀性、强度和硬度都超过了锡青铜，还可以锻造加工，常用来制造重要的齿轮、蜗轮、轴承套等要求耐磨耐蚀的零件。

汽车上应用用青铜制作的零件有：连杆衬套、摇臂衬套、散热器盖、出水阀弹簧、轴瓦、曲轴推力垫圈等。

六 轴承合金

在滑动轴承中，用于制造轴瓦及内衬的合金材料称为轴承合金。为保证轴承能正常工作，除要求轴瓦材料具有良好的耐磨性、韧性、有微孔储油以便接触表面形成油膜等性能外，还要求轴瓦内衬的合金组织为在软基体上均匀分布硬质点，软基体要韧性好，能承受冲击载荷。

第二节　汽车常用非金属材料性能与质量控制常识

一 传动件及其质量检验

汽车中的风扇和发电机，很多是由曲轴通过风扇传动带带动的。风扇传动带的中心层是玻璃纤维、聚酯纤维或钢丝的线绳，工作时伸长变形小，传动效能好；上部为伸张胶层；下部为压缩胶层；四周为耐磨的尼龙帆布。

风扇传动带的长度应符合规定，两侧应平整而无凸起，适当拉长传动带以检查有无裂纹、折痕等缺陷。传动带的断面尺寸很重要，除测量传动带的顶宽和厚度外，还可用角度规夹在传动带两侧测量角度，在漏光情况最小时，读出角度值。角度不准的风扇传动带与传动带轮的接触面小，不耐用，传动效率也不高。

二 减振件及其质量检验

汽车用的减振橡胶件，除离合器中吸收颤抖的橡胶呈星形盘带外，多数是块状。在形状上虽不同于减振金属弹簧，但它具有内摩擦和三向弹簧常数的减振效率高的特点。呈块状的减振橡胶件，在垂直、横向、纵向三个方向都有减振功能，即橡胶在拉伸、压缩、剪切等各个方面都产生弹性变形而吸收振动。经过良好硫化的橡胶，其内摩擦比金属弹簧大1 000倍以上，不仅在低频振动时可有效减振，在高频振动时也可有效减振。

减振块的结构形状和尺寸是经过精确计算确定的，有的还经过试验确定。为充分发挥其三向弹簧常数的作用，选用配件时，不要选用与原减振块结构形状、尺寸不一致的减振块，也不能任意代用。选用时还要注意安装部位和安装角度的正确，以及减振块与金属底板的黏结质量一定要好，这是保证减振块正常使用的一个关键措施。

三 石棉摩擦材料

汽车摩擦材料主要由骨架材料、粘结材料及填充材料组成。骨架材料多以棉纤维为主，称为石棉摩擦材料，它占汽车使用摩擦材料总量的95%以上。黏结材料多以酚醛树脂为主。填充材料多用重晶石、氧化铝、氧化铁、轮胎粉等粉末。

第三节　汽车常用运行材料性能与质量控制常识

一 车用燃料

1. 车用汽油的质量要求

当前，汽油仍然是汽车的主要燃料，在我国汽车保有量中，汽油车约占75%。汽油机在汽缸外部形成混合气，点燃着火。爆燃是汽油机的一种不正常燃烧。汽油的使用性能主要包括蒸发性、抗爆性、氧化安定性、腐蚀性、无害性、机械杂质和水分等评定指标。含铅汽油是在汽油中添加四乙基铅提高汽油的抗爆性，无铅汽油是在汽油中添加甲基叔丁醚提高汽油的抗爆性。

我国目前执行《车用无铅汽油》(GB17930—1999)这一强制性国家标准。车用无铅汽油按研究法辛烷值划分为90号、93号、95号三种牌号，市场上还有按照企业标准生产的97号、98号车用无铅汽油，与GB 17930—1999标准所属产品相比，具有更高辛烷值的优良抗爆性，应根据发动机压缩比选择车用汽油的牌号。车用汽油的质量要求主要有：

①抗爆性好，辛烷值合乎规定，以保证发动机运转正常，不发生爆燃，充分发挥功率；

②蒸发性好,保证发动机在冬季易于起动,在夏季不易发生气阻,并能较完全燃烧;

③氧化安定性好,诱导期长,实际胶质少,能长期储存;

④抗腐蚀性好,在储存和使用过程中储油容器和发动机供油系零件腐蚀较小。

2. 车用轻柴油的质量要求

在我国汽车保有量中,柴油车约占25%,柴油机在汽缸内部形成混合气,压燃着火。粗暴是柴油机的一种不正常燃烧。柴油的使用性能主要包括低温流动性、燃烧性、雾化和蒸发性、安定性、腐蚀性、无害性和清洁性等评定指标。轻柴油在使用前须进行沉淀和滤清。

我国目前执行《轻柴油》(GB252—2000)这一国家标准,轻柴油按凝点分为10号、5号、0号、-10号、-20号、-35号、-50号7个牌号,轻柴油牌号的选择应使最低使用温度等于或略高于轻柴油的凝点,一般来说,最低使用温度应高于牌号5个数值,即:-20号轻柴油的最低使用温度约为-15℃。

二 发动机油

1. 发动机油的性能要求

(1)黏度和黏温性。黏度即指机油的稀稠程度。黏度大,其润滑性、密封性、缓冲性较好,但冷却、洗涤效果差,发动机低温起动性也受影响;黏度小,其结果刚刚相反。黏温性是指机油的黏度随温度的变化而变化,温度升高,黏度减小,温度降低,黏度增大。为使发动机得到良好的润滑,要求机油具有合适的黏度和良好的黏温特性。

(2)清净分散性。通常在发动机油中加入清净分散添加剂,以吸附机油中的固体污染颗粒,减少机油的沉淀物和漆膜的形成;将低温油泥分散于油中,以便在机油循环过程中将其滤掉;同时还兼有洗涤、抗氧化及防腐作用。

(3)抗泡沫性。在机油中加入抗泡沫添加剂。这是因为发动机油

由于快速循环和飞溅而产生泡沫，若泡沫太多或不能迅速消除，将会造成摩擦表面供油不足，以致破坏正常的润滑。

(4)抗氧化性。指机油抵抗大气的氧化作用的能力。通常在机油中加入抗氧化添加剂。

(5)抗磨性。发动机中摩擦副表面负荷大，滑移速度高，速度变化频繁，因此磨损和疲劳损伤较严重，所以加入抗磨剂使发动机油具有良好的抗磨性。

2. 发动机油的规格

选用发动机油时，一是要根据发动机性能、结构，工作条件和燃料品质选择使用性能级别(API 质量代号)；二是要根据气温、工况和发动机技术状况选择黏度级别(SAE 黏度代号)。

3. SAE 黏度代号

发动机油的黏度级别以 6 个含 W 的低温黏度级号(0W、5W、10W、15W、20W、25W)和 5 个不含 W 的高温黏度级号(20、30、40、50、60)表示。发动机油低温·黏度级号，以最大低温黏度、最高边界泵送温度及 100℃时的最小运动黏度划分，数值越小表示其低温流动性越好。发动机油最低使用温度等于 −35 与其低温黏度级号之和，例如：15W 的最低使用温度为 −35 +15 = −20℃。发动机油高温黏度级号以 100℃运动黏度划分，数值越大表示高温下的最低黏度越好。

二 车辆齿轮油

1. 齿轮油的性能特点

车辆齿轮油应具有优良的极压抗磨性、氧化安定性、防锈性、防腐蚀性和剪切安定性，在使用中不产生泡沫，具有良好的低温流动性，以满足汽车传动齿轮在各种工况下的润滑要求。

2. 选用车辆齿轮油注意事项

(1)根据季节，对照当地冬季最低气温适当选择齿轮油的黏度级别，标号为 75W、80W、85W 的齿轮油分别适用于最低气温为 −40℃、

-26℃、-12℃地区。尽可能使用合适的多级车用齿轮油。

(2)根据齿轮类型和工况选择齿轮油的使用性能级别,对于一般工作条件下的螺旋锥齿轮主减速器(驱动桥)、变速器和转向器,可选用普通车辆齿轮油;准双曲面齿轮主减速器必须根据工作条件选用中负荷车辆齿轮油或重负荷车辆齿轮油,绝不能用普通车辆齿轮油代替准双曲面齿轮油。馏分型双曲面齿轮油的颜色一般为黄绿色到深绿色及深棕红色,其他齿轮油一般为深黑色,使用时应注意区别。

(3)因某些指标不尽相同,不同产地的车用齿轮油,即使是同质量、同黏度等级也不能混用。

(4)加油量应适当。油量过多不仅增加搅油阻力和燃油消耗,而且易导致齿轮油经后桥壳进入制动鼓造成制动失灵;油量过少会导致润滑不良,工作温度升高,加速齿轮磨损。齿轮油一般应加到与齿轮箱加油口下缘平齐。

(5)按规定期限及时更换车辆齿轮油,一般换油里程为3~4.8万km。

四 车用润滑脂

1. 润滑脂的种类

润滑脂有钙基润滑脂、钠基润滑脂、钙钠基润滑脂、通用锂基润滑脂、汽车通用锂基润滑脂、极压锂基润滑脂、石墨钙基润滑脂等种类,其特性和适用范围如表4-1所示:

润滑脂的特性和适用范围　　表4-1

品　种	特　性	适用范围
钙基润滑脂	抗水性好、耐热性差、使用寿命短	使用温度为-10~60℃
钠基润滑脂	抗水性差、耐热性好、有较好的极压抗磨性能	使用温度可达120℃
钙钠基润滑脂	抗水性、耐热性介于钙基润滑脂和钠基润滑脂之间	适用于不太潮湿条件下的滚动轴承的润滑,如底盘、轮毂等处的轴承

续上表

品　种	特　性	适用范围
通用锂基润滑脂	具有良好的抗水性、机械安定性、防锈性、氧化安定性	适用于各种机械设备的被动和滑动轴承及其他摩擦部位的润滑，是一种长寿命通用润滑脂
汽车通用锂基润滑脂	良好的机械安定性、胶体安定性、防锈性、氧化安定性、抗水性	适用于汽车轮毂轴承、水泵、发电机等摩擦部位的润滑，国产和进口车型普遍推荐使用
极压锂基润滑脂	有极高的极压抗磨性	适用于高负荷机械设备的齿轮和轴承的润滑部分国产和进口车型推荐使用
石墨钙基润滑脂	具有良好的抗水性和抗碾压性能	适用于重负荷、低转送和粗糙的机械的润滑。如汽车钢板弹簧、起重机齿轮转盘等承压部位的润滑

2. 车用润滑脂质量的简易检验

(1)不要购买存储时间超过1年的润滑脂。

(2)颜色。钙基润滑脂为外观呈浅黄色至暗黑色的油膏；石墨钙基润滑脂为外观呈黑色的均匀油膏；通用锂基润滑脂为外观呈均匀光滑的油膏；合成锂基润滑脂为外观呈浅褐色的均匀油膏；复合钙基润滑脂为外观呈浅黄色至暗褐色的均匀块状油膏。

(3)手感光滑，手捻不拉丝，钙基润滑脂沾水后手捻不乳化。

五　车用制动液

1. 制动液的性能特点

(1)制动液应有合适的高、低温黏度，良好的低温性能，必要的润滑性，在-40～150℃温度范围内，保持良好的工作状态，使制动灵敏可靠。

(2)制动液在150℃以下不得汽化，吸水后沸点下降不大，不分层沉降，保持混溶状态。

(3)制动液对橡胶件溶涨率小，确保皮碗、密封件能正常工作。

(4)制动液抗氧化安定性与热安定性好,遇热不分解、不腐蚀金属,可防锈。

2. 制动液使用注意事项

(1)禁止不同类型的制动液混合使用,不同厂家生产的同黏度、同牌号的制动液也不宜混合使用,否则会因制动液分层而失去制动作用。

(2)制动液应保持清洁,严防水分,矿物油及杂质污染制动液。使用前必须检查制动液,如有白色沉淀、杂质等,应过滤后再使用。

(3)制动液应注意防潮,防止制动液吸收水分后导致沸点下降。存放制动液的容器应当密封,更换下来和装在未密封容器内的制动液不允许继续使用。

(4)制动液应定期更换,一般为 1 ~2 年。更换制动液时,需彻底清洗制动系统。

(5)山区下坡连续使用制动或在高温地区长期频繁制动,制动液温度可达 150 ~170℃,已超过一般合成制动液的潮湿沸点,因此要注意检查制动液温度,以防气阻导致制动失效。

(6)使用合成型制动液的制动系统应防止矿物油或矿物油型制动液混入,使用矿物油制动液时,制动系统应换用耐油橡胶件。

六 车用液力传动油的性能特点

(1)应具有适宜的黏度和良好的黏温性能,以保证自动变速器能在 -40 ~170°C 温度范围内正常工作。

(2)应具有良好的润滑性的抗摩擦特性,能保证不同材质的液力传动、液压传动、机械传动、摩擦传动部件不易被磨损。

(3)应具有热稳定性和抗氧化安定性好,能保证在 70 ~140°C(甚至更高温度)的工作条件下长期使用。

(4)应具有良好的低温流动性,凝点低,能适应冬季运转的工作条件,使冷起动容易、变速平稳。

(5)应具有优良的抗泡沫性,使油液在不断搅拌的工作条件下产生的泡沫易于消失。

(6)对橡胶密封材料有良好的适应性，不会导致密封材料产生过大的膨胀、收缩和硬化，否则会引起漏油故障。

七 发动机冷却液

1. 发动机冷却液的组成

常用的发动机冷却液为水与乙二醇、水与乙醇、水与丙三醇、水与甲醇或水与双甘醇按一定比例混合而成。多数冷却液为乙二醇—水基型冷却液。冷却液中使用染料染色，以区别于其他液体。为了便于运输、储藏，冷却液可制成浓缩液，使用时需要加水稀释。目前乙二醇—水基型冷却液的浓缩液含有90% ~95%的工业乙二醇、3% ~5%的添加剂和5%以下的水。

我国发动机冷却液产品质量分为一级品和合格品，发动机冷却液有上 -25 号、-30 号、-35 号、-40 号、-45 号和 -50 号等6 个牌号，冷却液的冰点值即为其牌号值。

2. 发动机冷却液使用注意事项

(1)在选用冷却液时，其冰点要比车辆运行地区的最低气温低10℃以上；应首选汽车制造厂推荐或规定使用的冷却液；要看清包装说明，选择使用的冰点、沸点和防腐蚀性能好的冷却液。实践证明，选用冷却液的关键是防腐蚀剂的选择和配制，切不可购买“三无”产品，以防被假冒伪劣产品坑害。

(2)乙二醇冷却液的最低使用浓度为 33.3%(V/V)，此时冰点不高于 -18℃，低于此浓度则冷却液的防腐蚀性不足；最高使用浓度为 69%(V/V)，此时冰点为 -68°C，高于此浓度则冰点反而会上升；全年使用冷却液的车辆最低使用浓度以 50%(V/V)左右为宜。

(3)不同牌号、不同规格的冷却液不可混用。同一牌号的冷却液，加水量越多，调配后的冷却液冰点值越高。

(4)冷却液一般使用 1 ~2 年后须更换，更换时应清洗发动机冷却系统。

(5)乙二醇有毒,切勿入口。

(6)如果选用的是浓缩液,应按照说明书规定的比例加入蒸馏水进行稀释,切不可使用自来水、地下水或地表水,否则冷却系统易生水垢并加重腐蚀。

八 风窗玻璃洗涤剂

汽车风窗玻璃洗涤剂用来清洗风窗玻璃上妨碍视野的物质。优质的风窗玻璃洗涤剂应具有一定的浓度,既对金属无腐蚀作用,又对非金属无不良影响,冷热交变下稳定性良好,能有效地去除各种污垢,确保风窗玻璃视野良好等特点。

九 铅酸蓄电池电解液

汽车蓄电池可以反复多次进行充电和放电,而蓄电池电解液就是蓄电池充电、放电过程的介质。蓄电池电解液是由纯净硫酸与蒸馏水按一定比例配制而成,一般工业硫酸和非蒸馏水都含有杂质,不可加入蓄电池内,否则将减少蓄电池的容量,影响蓄电池的性能和寿命。

配制电解液时,应按所需密度确定硫酸与水的数量。可按质量比或体积比来配制,以体积比配置较方便。配制时,一定要注意将硫酸缓慢倒入硫酸容器内,以防硫酸飞溅伤人。

第四节 汽车配件质量鉴别和检验方法

一 如何选购汽车配件

配件质量的好坏不仅直接影响汽车维修质量,而且关系到行车安全。因此,如何选购好汽车配件,怎样判断配件质量优劣,已成为汽车维修人员关注的焦点。众多采购人员的经验是:走正门、货比货、不贪便宜。所谓走正门，就是到信誉高，即信得过的配件商店和有关特约维修站去购买需要的配件；所谓货比货，就是将购买的配件与原来使用过的配件对比外观质量及加工精度，与原配件相同是合格品（或正品），否则就值得怀疑；所谓不贪便宜，是从“一等价钱一等货”的道理来说的。

配件采购时应遵循“5R”原则：即通过适当的供应商（Right vendor），在确保适当的品质（Right quality），以适当的价格（Right price），于适当的时间（Right time），获得适当的数量（Right quantity）。

在选购配件过程中，不仅要注意防止“以次充好”的配件，还要特别注意“以旧充新”的翻新件。某些经维护换下的总成，可能通过更换简单的零件，外表重新油漆，充当新的配件出售。但只要能仔细观察，就可以发现可疑处，如有拆卸敲打的痕迹，抹油漆处有油污等。同时还可通过检查有无原厂说明书、产品合格证、生产厂名、厂址等来判别真伪。

在选购配件时，特别是进口车的配件，还要注意区别不同年代生产的配件规格差异。为了满足市场的需求和适应技术的发展，汽车制造商每年都会改进某些零部件，生产新车型。新、老车型的同一种零件外型虽然相似，但只要编号改了，其参数就有变化。在选购配件之前，一定要弄清楚车辆型号、生产年份，同时也要掌握选购配件的性能和参数。

为了鉴别判断配件质量的优劣，大体上可检查以下几个方面，即一是检查包装，二是检查配件外观，三是必要时进行力所能及的检验。

一 检查汽车配件外部包装

1. 检查商标

选购配件时要认真查看商标，商标图案是否标注清楚、图案清晰、色彩鲜艳，上面的厂名、厂址、等级和防伪标记是否真实。因为对有短期行为的仿冒制假者来说，防伪标志的制作不是一件容易的事情，需要一笔不小的支出。另外在商品制作上，正规厂商在零配件表面有硬印或化学印记的商标，并注明了零件的编号、型号、出厂日期，一般采用自动打印技术，字母排列整齐，字迹清楚，小厂和小作坊一般是做不到的。

2. 检查外部包装

汽车零配件的互换性很强,精度很高,为了能较长时间存放、不变质、不锈蚀,需在出厂前用低度酸性油脂涂抹。正规的生产厂家,对包装盒的要求也十分严格,要求无酸性物质,不产生化学反应,有的采用硬型透明塑料抽真空包装。考究的包装能提高产品的附加值和身价,箱、盒大都采用防伪标记,常用的有镭射、条形码、暗印等,在采购配件时,这些信息很重要。

国产汽车的配件有正厂配件(即正厂生产的配件)、副厂配件;进口汽车和中外合资厂生产的汽车配件除正厂配件、副厂配件外,还有国产配件。这些配件的共同特点是包装规范、看配件商标图案、零件号标注清楚。具体包装盒上有生产厂名、厂址、零件名称、零件编号、包装盒内附有合格证;进口配件有中文说明,有的还有产地、经销点等信息。

3. 检查产品说明书

产品说明书是生产厂商进一步向用户宣传产品,为用户做某些提示,帮助用户正确使用产品的资料。通过产品说明书可增强用户对产品的信任感。一般来说,每一个配件都应配一份产品说明书(有的厂商配用户须知)。

如果交易量大,还应该查询技术鉴定资料。进口配件还要查询进口报关资料。国家规定,进口商品应配有中文说明,一些假冒进口配件一般没有中文说明,且包装上的外文,存在拼写错误或语法错误,一看便能分辨真伪。

二 检查汽车配件外观

选购汽车配件时应认真检查配件外观。铸件表面不允许有裂纹、孔眼、缩孔和疏松夹渣,其加工面应平整、清洁,不应有磕碰、划痕、毛刺和锈蚀;冲压件表面应光滑,不得有皱折、裂纹和锈蚀;磨削加工件表面应光亮如镜,不得有划痕、黑点、碰伤、腐蚀,用放大镜检查时加工面不得有未磨光的部分;焊接件的焊缝厚度均匀整齐,表面无波纹、夹渣和裂纹。

一般非配套厂生产的配件外表面粗糙度、尺寸精度、硬度达不到技术要求。

四 电焊工艺

在汽车配件中，减振器、钢圈、前后桥、大梁、车身等均有电焊焊接工序。正规配件生产企业的电焊工艺技术大多采用自动化焊接，能定量、定温、定速，有的还使用低温焊接法等先进工艺，产品焊缝整齐、厚度均匀，表面无波纹形，直线性好，即使是点焊，焊点、焊距也很规则，这一点哪怕再好的手工操作也无法做到。

五 检查汽车配件材质

1. 检查方法

(1)检视法———“看”。

①检视配件材质是否正确。

②检视配件表面硬度是否达标。

③检视配件结合部位是否平整。

④检视配件几何尺寸有无变形。

⑤检视总成件有无缺件。

⑥检视配件转动部件是否灵活。

⑦检视配件装配记号是否清晰。

⑧检视接合零件有无松动。

⑨检视配件配合表面有无磨损。

(2)敲击法———“听”。

(3)锉削法———“试”。

(4)检验法———“测”。

2. 配件的几何尺寸、形状和位置公差的检验

(1)结合平面翘曲变形的检查。结合平面的检查多采用平板或钢直尺作为基准，将其放置在工作面上，然后用塞尺测量被测件与基准面之间的间隙。检查时应按照纵向、横向、斜向等多方向测量,以确定变形量。

(2)轴类零件的检查:

①测量轴颈尺寸误差。一般用外径千分尺测量轴类零件的轴颈尺寸,除测量外径外,还需测量轴颈的圆度和圆柱度误差。测量时,先在轴颈油孔两侧测量直径,然后转动90°再次测量直径;轴颈同一横断面上直径差数最大值的1/2为圆度误差,轴颈不同横断面上直径差数最大值的1/2为圆柱度误差。

②测量轴类零件的弯曲变形。将轴的两端用V形架水平支撑在检验平板上,用百分表触针抵在中间轴颈,将轴转动一圈,表针摆差的最大值反映了轴类零件的弯曲程度(摆差的1/2即为实际弯曲度)。

六 配件(零件)的探伤检验

1. 敲击法探伤检验

①听敲击声检验。用小锤轻敲箱体、盘形等配件非工作面,若声音清脆响亮,表明配件无裂纹;若声音沙哑,表明配件存在裂纹。

②浸油锤击检验. 浸油敲击是一种探测配件隐蔽裂纹的简便方法。检查时,先将配件浸入煤油或柴油中片刻,取出后将表面擦干,撒上一层白粉(滑石粉或石灰粉),然后用小锤轻轻敲击配件的非工作面,如果配件有裂纹,通过振动会使浸入裂纹的油渍溅出,裂纹处的白粉呈现黄色油迹,便可检查出裂纹所在。

2. 渗透法探伤检验

检验操作过程——清洗并干燥配件;浸、涂渗透剂,在渗透剂中浸泡或用刷子涂刷2~3次,整个时间不少于30min;用乳化剂(44%的煤油、35%油酸、21%三乙醇氨并可加红色染料配制)除去配件表面多余的渗透剂,再用温水(32~42℃)冲洗干净;在配件表面涂刷一层显像剂(用白垩粉调剂);由于毛细管的作用将缺陷中的残存渗透剂吸出,从而显示缺陷痕迹。

用渗透法探伤其方法和设备简单，不受配件形状和材料的限制，但只能探出表面裂纹，最高灵敏度可发现 1μm 左右的裂纹。

3. 超声波探伤检验

超声波探伤是利用超声波通过两种不同介质的界面产生折射和反射的现象，来探测配件内部隐蔽的缺陷。

参考文献

[1] 黄秋平. 汽车维修质量检验[M]. 北京:中国劳动社会保障出版社,2010.

[2] 李春生. 汽车维修质量检验[M]. 北京:中央广播电视大学出版社,2007.

[3] 陈长春. 汽车维修质量检验[M]. 北京:机械工业出版社,2010.